Jesus, Hauptdarsteller Gottes?

Eberhard Martin Pausch

Jesus, Hauptdarsteller Gottes?

Inszenierung als Schlüssel für einen vernunftgemäßen Glauben

PETER LANG

Bibliografische Information der Deutschen Nationalbibliothek
Die Deutsche Nationalbibliothek verzeichnet diese Publikation in der Deutschen Nationalbibliografie; detaillierte bibliografische Daten sind im Internet über http://dnb.d-nb.de abrufbar.

ISBN 978-3-631-79094-6 (Print)
E-ISBN 978-3-631-79095-3 (E-PDF)
E-ISBN 978-3-631-79096-0 (EPUB)
E-ISBN 978-3-631-79097-7 (MOBI)
DOI 10.3726/b15662

Peter Lang – Berlin · Bern · Bruxelles · New York · Oxford · Warszawa · Wien

Diese Publikation wurde begutachtet.

www.peterlang.com

Meiner Urgroßmutter Susanne Rube (1895–1990)
und meiner Großmutter Elise Raschig (1918–2000)
in dankbarer Erinnerung gewidmet

Abstract: Jesus, God's Main Actor?

According to Immanuel Kant, religion must not exceed "the boundaries of mere reason". Therefore, Christian theology must strive to use clear and distinct terms, as well as adhere to the rules of logic. In a phenomenological sense, the Christian religion is based on at least three dimensions: faith, hope and love. Faith means a basic trust in God, love is an interpersonal relationship, and hope points to the horizon where time meets eternity. Jesus of Nazareth tried to live his life completely within these three dimensions. Perhaps he was inspired by new ways of thinking from Sepphoris – a town close to Nazareth containing a large amphitheatre – with which to "stage" his life as the life of the Son of God. He saw himself (his "body" in a semiotic sense) as the Son of God and as a sign of God's love. Perhaps Jesus thought of himself as an actor in an eschatological drama in which he represented God. This hypothesis suggests that Jesus and his disciples were a kind of theater group. When he arrived in Jerusalem, Jesus was arrested, tortured and crucified. But his death was definitively not the end of the drama which he himself had set into motion. In any case, one must concede that the sign of faith, love and hope expressed by Jesus had an overwhelming effect on his followers. They believed that Jesus' body was still alive: in the lives of his followers, in bread and wine as the elements used in the Lord's Supper and in the Christian community built up through shared Eucharistic fellowship. Therefore, the term "Body of Christ" is an ambiguous yet meaningful term. And the drama of Jesus Christ still continues, always playing out in the dimensions of faith, hope and love, yet without ever exceeding the boundaries of mere reason.

Abstract: Jesus, Hauptdarsteller Gottes?

Immanuel Kant zufolge darf Religion niemals die „Grenzen der bloßen Vernunft“ überschreiten. Daher muss die christliche Theologie mit klaren und eindeutigen Begriffen arbeiten und die Regeln der Logik respektieren. Die christliche Religion ist ein Phänomen, das auf zumindest drei Dimensionen beruht: Glaube, Hoffnung und Liebe. Glaube meint ein grundlegendes Vertrauen zu Gott, Liebe eine zwischenmenschliche Beziehung, und Hoffnung ist auf den Horizont von Zeit und Ewigkeit ausgerichtet. Jesus von Nazareth versuchte, sein Leben ganz in diesen drei grundlegenden Dimensionen zu leben. Vielleicht wurde er dabei angeregt durch die Theateraufführungen in der Stadt Sepphoris, die nahe bei Nazareth lag. Er verstand sich selbst (seinen „Leib“ in einem semiotischen Sinn) womöglich als Sohn Gottes und als Zeichen von dessen Liebe. Vielleicht stellte er sich vor, er sei ein Schauspieler in einem eschatologischen Drama. Von dieser Hypothese aus kann man möglicherweise Jesus und seine Jünger als eine Art „Schauspieltruppe“ sehen. Als Jesus nach Jerusalem kam, wurde er verhaftet, gefoltert und gekreuzigt. Aber sein Tod war nicht das Ende des Schauspiels, das er inszeniert hatte. Das Zeichen des Glaubens, der Hoffnung und der Liebe, das von ihm ausgegangen war, hatte einen überwältigenden Einfluss auf seine Nachfolger. Sie glaubten fest daran, dass der Leib Jesu immer noch lebendig war: im Leben der Nachfolger selber, in Brot und Wein als den Elementen des Abendmahls und in der Gemeinschaft, die sie auf der Grundlage des Abendmahls pflegten. Der Begriff „Leib Christi“ ist daher zwar mehrdeutig, aber dennoch sinnvoll. Und das Schauspiel um Jesus Christus geht weiter. Es spielt immer wieder neu in den Dimensionen von Glaube, Hoffnung und Liebe und überschreitet dabei niemals die Grenzen der bloßen Vernunft.

Inhalt

Vorwort

Als ich sechs Jahre alt war, schenkte mir meine Urgroßmutter ein Kinderbuch, das auf jeweils einer Seite eine Geschichte von Jesus von Nazareth erzählte und auf der anderen Seite Platz zum Ausmalen bot, was ich als Kind mit bunten Stiften und mit viel Liebe zum Detail tat. So wurde mir die Person Jesu vertraut. Und ich war sofort von diesem außergewöhnlichen Menschen fasziniert. Dass er uns Menschen lehrte, Gott als unseren himmlischen Vater anzusehen und ihn im „Vaterunser“ vertrauensvoll anzusprechen, das habe ich für mein ganzes Leben mitgenommen. Dass er auf schreckliche Weise leiden musste und am Kreuz starb, das hat mich tief erschüttert. Dass er noch am Kreuz für seine Feinde und Mörder betete („Vater, vergib ihnen, denn sie wissen nicht, was sie tun“), das hat mich sehr bewegt und geprägt. Und dass Gott ihn von den Toten auferweckte, ihm auf unfassbare Weise neues Leben schenkte, das hat mich frohgemacht und mir für mein Leben Mut geschenkt. Diese Ausmal-Kinderbibel, die, wie ich heute weiß, eine „Evangelien-Harmonie“ war, hat meinen kindlichen Glauben geformt, aus dem mein erwachsener Glaube hervorging. Meine Urgroßmutter hat mich auch beten gelehrt. Für all dies bin ich ihr unendlich dankbar. Sicherlich hätte ich ohne diese Grundlagen niemals Theologie studiert und wäre nicht Pfarrer geworden.

Mein erwachsener Glaube aber schließt auch Vernunft ein. Ich denke gerne. Ich denke gerne kritisch. Ich würde mir das Denken niemals verbieten lassen. Und ich bin der Aufklärung sehr dankbar, dass sie Raum geschaffen hat für den Zweifel, für ein kritisches Hinterfragen und für Denken, das (oft, wenn auch nicht immer) mit Toleranz verbunden ist. Für mich ist die Aufklärung aber nicht einfach eine abgeschlossene Epoche der Vergangenheit, sondern eine unvollendete

Aufgabe für Gegenwart und Zukunft.[1] Christlicher Glaube kann für mich nur ein aufgeklärter Glaube sein. Ich könnte niemals meinen Verstand oder gar meine Vernunft opfern, ein „sacrificium intellectus" begehen. Ich bin zudem sicher, dass Gott das niemals von mir verlangen würde. Denn er hat mir Augen gegeben, um zu sehen. Er hat mir Hände gegeben, um zu greifen. Und er hat mir meine Vernunft gegeben, um zu begreifen. Die moderne christliche Theologie steht daher zu Recht in der Tradition der Aufklärung.

Das Motto meiner Landeskirche, der Evangelischen Kirche in Hessen und Nassau (EKHN), während des Endspurts der „Reformationsdekade" (2008–2017) hieß: **„Gott neu entdecken"**. Unter diesem Titel stand auch ein Text, den der Theologische Beirat zur Begleitung der Reformationsdekade in der EKHN verfasst hatte und der einige Vorschläge machte, wie es in der Gegenwart gelingen könne, Gott neu zu entdecken.[2] Ich schätze diesen Text sehr. Es steht für mich persönlich im Einklang mit seinen Aussagen (und zugleich

---

1 An diesem Punkt stimme ich völlig überein mit den Intentionen des schönen Buches von *Steven Pinker: Aufklärung jetzt* – Für Vernunft, Wissenschaft, Humanismus und Fortschritt, Frankfurt am Main 2018. Ich finde es allerdings schade, dass Pinker den „religiösen Glauben" in einer Allgemeinheit, die an Ignoranz gegenüber dem vielfältigen Phänomen der Religion grenzt, zu den Mächten der „Gegenaufklärung" rechnet (Pinker, a. a. O., S. 47 f., 527 ff.). Ich vermute, dass diese Einschätzung auf seinem biographischen Erlebniskontext in Nordamerika beruht, wo er dem Christentum wohl in teilweise vor- oder anti-aufklärerischer Gestalt begegnet sein mag. In Deutschland und Westeuropa ist das Christentum deutlich anders konturiert und konfiguriert.

2 *Gott neu entdecken: 12 Thesen zur Reformation, hg. von der Kirchenleitung der Evangelischen Kirche in Hessen und Nassau*, Darmstadt 2016.

über ihn hinausweisend) fest, dass das Neu-Entdecken Jesu eine Möglichkeitsbedingung für das Neu-Entdecken Gottes darstellt. Eine solche Neu-Entdeckung ist jeder Generation und jedem einzelnen Christenmenschen individuell aufgegeben. Mein Beitrag dazu ist der Versuch einer Entdeckung der Person Jesu aus der Perspektive eines vernunftgemäßen Glaubens bzw. einer dezidiert aufgeklärten Religiosität – eines Glaubens und einer Religiosität, die nicht im Gegensatz zu Empathie, Menschenfreundlichkeit und Nächstenliebe stehen.

Für eine kritische Durchsicht meines Manuskripts danke ich sehr herzlich meinem akademischen Lehrer und „Doktorvater" Wilfried Härle, mit dem ich mich auch nach vielen Jahren noch theologisch und menschlich eng verbunden fühle, ohne dass unsere theologischen Positionen identisch wären. Wilfried Härle half mir auch bei der Eliminierung einiger ärgerlicher Fehler im Erstentwurf dieses Textes.

Sehr hilfreich war für mich auch das Gespräch mit einer früheren Schulkameradin, der heutigen Schauspielerin Susanne Schäfer, die an meinem Ansatz, das Handeln Jesu in einigen wesentlichen Teilen als ein schauspielerisches Handeln zu interpretieren, großes Interesse zeigte und mich in der Ausarbeitung meiner Ideen bestärkte.

Vor diesem Hintergrund widme ich dieses Buch den zwei Menschen, bei denen ich aufwuchs und die mir viel Liebe und Nestwärme schenkten: meiner Urgroßmutter Susanne Rube (1895–1990) und meiner Großmutter Elise Raschig (1918–2000). Ich werde sie niemals vergessen.

Frankfurt am Main, 01.03.2019
Dr. Eberhard Martin Pausch

Einleitung: Jesus neu entdecken

Weil die christliche Theologie evangelischer Gestalt den Intentionen aufklärerischen Denkens verpflichtet ist, tut sie gut daran, in den biblischen Wissenschaften grundsätzlich historisch-kritisch an die Gegenstände ihrer Erkenntnis heranzutreten. Sie tut ferner gut daran, das Gespräch mit den Naturwissenschaften zu führen und mit ihnen das Verhältnis der „Konkordanz“ (im Sinne von Heinrich Scholz: der widerspruchsfreien Übereinstimmung) zu suchen. An einem naheliegenden Beispiel: Eine theologische Schöpfungslehre muss so konzipiert werden, dass sie mit der Evolutionstheorie nicht in Konkurrenz, sondern in Einklang steht. Der vor allem in den USA weit verbreitete „Kreationismus“ ist eine absurde, dem Buchstabenglauben verhaftete Ideologie.

Die christliche Theologie tut ebenfalls gut daran, das Gespräch mit der Philosophie zu suchen. Was beide ja verbindet, ist die Verpflichtung auf den „Logos“, der Sprache und Logik schon im griechischen Begriff miteinander verbindet, der je nach Auslegung auch „Sinn“, „Kraft“ oder „Tat“ heißen kann, wie Goethes „Faust“ uns dies nahelegt.[3] Dass der „Logos“ im christlich-theologischen Sinn darüber hinaus noch einen „Überschuss“ an Sinn und Bedeutung beinhaltet, darauf werde ich zu sprechen kommen.

---

3 *Johann-Wolfgang von Goethe*: *Faust: Der Tragödie erster und zweiter Teil. Urfaust,* hg. und kommentiert von Erich Trunz, München 1998 (= 16. Aufl. 1996), S. 44. Philologisch mag Goethe nicht ganz korrekt übersetzt haben, aber er macht doch die ursprüngliche Vieldeutigkeit des Begriffes deutlich. Wilfried Härle hat mich darauf hingewiesen, dass das Wort „Logos“ in der deutschen Sprache sogar an die 40 (!) Übersetzungsmöglichkeiten bietet.

Sicher ist: Ohne die Bibel als Ursprungs- und Orientierungsdokument des christlichen Glaubens hätte es das Christentum niemals gegeben. Die Bibel aber ist, mit Gerd Theißen gesagt, „Teil einer großen Erzählung, die wir in unserem Leben und Denken eigenständig weiterschreiben“[4]. Wir haben daher, hierin stimme ich Theißen uneingeschränkt zu, (fast) alle Freiheit(en) dieser Welt im Umgang mit der Bibel. Wir können und müssen mit ihr (zuallererst kritisch und dann auch:) selektiv, kombinatorisch, approximativ, interpretativ und kreativ umgehen und bereit sein, sie kreativ fortzuschreiben.[5]

Vor diesem Hintergrund entstanden die einzelnen Texte dieser Studie. Sie wollen Jesus von Nazareth auf neue Weise erkennbar werden lassen, also dazu beitragen, dass Jesus neu entdeckt werden kann.[6] Dies ist, wie gesagt, nur möglich im Spiegel biblischer Texte. Deshalb ist jedem Kapitel dieses Buches eine Art biblischer „Mottotext“ zugeordnet, der sich gleich zum Eingang des Kapitels findet. Dass die Bibel als Ursprungs- und Orientierungsdokument des Christseins für mich einen grundlegenden Charakter hat, bedeutet nicht, dass dieses Buch vorwiegend exegetische Absichten hätte. Ich verwende hier vielmehr exegetische, systematisch-theologische, philosophische und semiotische Argumente und denke, dass sie alle ihre Berechtigung haben, wenn es gilt, Jesus neu zu entdecken. Zum Aufbau des Buches:

---

4 *Gerd Theißen: „Polyphone Bibelhermeneutik und protestantische Spiritualität“*, in: *Werner Zager (Hg.): Liberale Frömmigkeit?* Spiritualität in der säkularen und multireligiösen Gesellschaft, Leipzig 2015, S. 77–111, dort S. 101.

5 Ebd., S. 101–103.

6 Wie in meinem Vorwort bereits angedeutet, im Einklang mit dem knappen, anregenden Text: *Gott neu entdecken: 12 Thesen zur Reformation, hg. von der Kirchenleitung der Evangelischen Kirche in Hessen und Nassau*, Darmstadt 2016.

- Zunächst skizziere ich knapp Immanuel Kants Programm einer „Religion in den Grenzen der bloßen Vernunft" als Grundlage und zugleich Kontrastfolie für die folgenden Überlegungen (Kapitel 1). Wenn ich im Folgenden im Anschluss an Kant, an Jürgen Habermas und Steven Pinker von „Vernunft" spreche, dann verstehe ich darunter einerseits den Anspruch, mit möglichst klaren und eindeutigen (univoken) Begriffen zu arbeiten, andererseits aber, Begriffe und Aussagen gemäß den klassischen Grundsätzen der Logik miteinander zu verknüpfen, als da sind: der Satz von der Identität und die Prinzipien des ausgeschlossenen Widerspruchs, des ausgeschlossenen Dritten und des zureichenden Grundes.
- Anschließend charakterisiere ich die christliche Religion als ein mindestens dreidimensionales Phänomen, das die christliche Existenz in den Kategorien von Glaube, Hoffnung und Liebe verortet (Kapitel 2).
- Darauf folgt eine Reflexion auf das menschliche Segenshandeln, denn eine zentrale Aufgabe der Christinnen und Christen in der Welt ist es, anderen Gutes zu tun und ihnen den Segen weiterzusagen und weiterzugeben, den Gott ihnen selbst versprochen und geschenkt hat (Kapitel 3).
- Sodann entfalte ich in Gestalt einer Abduktion, also einer kühnen historischen Hypothese, die Vermutung, dass Jesus, der in der Nähe der Stadt Sepphoris aufwuchs, für sein Handeln Inspiration von den dort stattfindenden Theateraufführungen erhalten haben könnte. Vielleicht verstand er sich selbst als den Hauptdarsteller in einem eschatologischen Drama, in dem Gott selbst Regie führte (Kapitel 4).
- In den folgenden beiden Abschnitten untersuche ich Jesu Leiden und Sterben am Kreuz und die so genannte „Auferweckung" des Verstorbenen in semiotischer Per-

spektive, aber auch vor dem Hintergrund der in Kapitel 4 dargestellten historischen Vermutung. Auch das Geschehen von Kreuz und Auferstehung trägt durchaus dramaturgische Züge. Das schließt nicht aus, sondern ein, dass Gott selbst in diesem Drama die Regie führte. Ein Ergebnis dieses tragischen Schauspiels war die Auferweckung des Leibes Jesu durch Gottes Geist im Ereignis des Abendmahls und im Leben der christlichen Gemeinden. Nur weil die frühe Christenheit erkannte, dass im Leben, Sterben und in der Auferweckung Jesu Gott selbst Regie geführt hatte, konnte sie bestehen und zur christlichen Kirche werden. (Kapitel 5 und 6)[7]

- Schließlich versuche ich zu zeigen, worin der „Überschuss" der christlichen Religion gegenüber der bloßen Vernunft bestehen könnte und warum es meines Erachtens keinen Widerspruch zwischen der aufgeklärten Vernunft und den wesentlichen Inhalten der christlichen Religion geben muss. (Kapitel 7)

Wer für sich selbst andere Wege sucht, um die Person Jesu neu zu entdecken, den weise ich an dieser Stelle exemplarisch auf *drei Alternativen* hin.

- Die eine Alternative einer klassischen „Christologie von oben", bei der Jesus von vornherein als eine Person oder Seinsweise Gottes selbst aufgefasst wird, begegnet

7 Methodisch weise ich ausdrücklich darauf hin, dass im Kernbereich meiner theologischen Argumentation ein historisches und ein semiotisches Argument miteinander verbunden sind, die durchaus auch unabhängig voneinander betrachtet und entfaltet werden können. Die Wahrheit des einen Arguments hängt jedenfalls nicht von der des anderen ab. Beide zusammen ergeben aber, so hoffe ich zumindest, eine gewisse *abduktive Plausibilität* für meine Grundthese.

in dem dreibändigen gelehrten Alterswerk des römisch-katholischen Theologen *Joseph Ratzinger/Benedikt XVI.*[8]

- Eine andere Alternative bietet die faszinierende Christologie von *Ingolf Ulrich Dalferth*: „Der auferweckte Gekreuzigte"[9]. Manche seiner Thesen teile ich ausdrücklich, etwa den Gedanken, dass die Inkarnationschristologie eine Fehldeutung früher Bekenntnisaussagen darstellt und dass man das Zentrum der Christologie in der Interpretation von Kreuz und Auferweckung zu suchen hat. Dass allerdings die Christologie und die Trinitätslehre unhintergehbare „Grammatiken" seien, überzeugt mich nicht oder nur teilweise. Denn was heißt „Grammatik"? Geht es (nur) um *Deskription* der Struktur von Interpretationen geschichtlicher Ereignisse? Oder geht es um die *Präskription* von künftigen Interpretationen, das heißt um Regeln, die angeben, wie für alle Zukunft solche Interpretationen zu geschehen haben? Dem könnte ich nicht folgen, weil ich darin dogmatische Festlegungen (und sei es auch nur von Regeln) erblicke, die ich nicht teile. Ich halte Dalferths Buch – dessen ungeachtet – für brillant.
- Eine dritte Alternative bietet die Christologie, die *Wilfried Härle* in seiner „Dogmatik" unter dem Titel „Gottes Selbstoffenbarung in Jesus Christus"[10] vorgelegt hat. Ich würde Härles Ansatz als *grundsätzlich orthodox* und zugleich *behutsam innovativ* kennzeichnen.[11]

---

8 *Joseph Ratzinger/Benedikt XVI.: Jesus von Nazareth,* Freiburg/Basel/Wien 2007 ff.

9 *Ingolf Ulrich Dalferth*: *Der auferweckte Gekreuzigte:* Zur Grammatik der Christologie, Tübingen 1994.

10 *Wilfried Härle: Dogmatik,* Berlin/Boston 5. Aufl. 2018, S. 304–356.

11 Meinen eigenen Versuch, den ich in diesem Buch entwickeln werde, würde ich dagegen im Sinne Schleiermachers **„heterodox"**

In einem Anhang – dem Überschuss nach dem „Überschuss"-Kapitel – schlage ich noch eine Neu-Interpretation des Romans „Der Fänger im Roggen" von Jerome D. Salinger in christlicher Perspektive vor. Ich sehe in diesem klassischen Text nämlich eine „nicht-klassische" Weihnachtsgeschichte. Damit greife ich ein weiteres Thema der Christologie auf: die Geburt Jesu Christi. Auch diesem Thema nähere ich mich nicht in der üblichen Weise, also etwa im Sinne der traditionellen Inkarnationschristologie. Meine Hoffnung ist, dass mein Buch vielleicht gerade deshalb kritisch-aufgeklärten Menschen der Gegenwart, die wie ich selbst an der Person Jesu interessiert und für Gott offen sind, eine neue Sicht auf die christliche Religion eröffnen kann. Wenn mir das im einen oder anderen Fall gelingen würde, dann hätte ich mein Ziel erreicht.

Frankfurt am Main, 01.03.2019
Dr. Eberhard Martin Pausch

---

nennen. Darunter verstehe ich einen kreativ-experimentellen Ansatz, der zwischen Orthodoxie und Häresie angesiedelt ist und die Absicht hat, die christliche Lehre in zukunftsfähiger Weise weiterzuentwickeln. Vgl. hierzu meinen Beitrag: *Eberhard Martin Pausch: „Orthopistie, Heterodoxie: Einige begriffliche Anstöße in der Absicht einer Verbesserung des Dialogs der Religionen, Kirchen und Konfessionen"*, in: Materialdienst des Konfessionskundlichen Instituts Bensheim 3, 68. Jg. 2017, S. 46–48.

1. Religion in den Grenzen der Vernunft: Immanuel Kants Religionsprogramm

> „4 Wenn ich sehe die Himmel, deiner Finger Werk, den Mond und die Sterne, die du bereitet hast: 5 Was ist der Mensch, dass du seiner gedenkst, und des Menschen Kind, dass du dich seiner annimmst? 6 Du hast ihn wenig niedriger gemacht als Gott, mit Ehre und Herrlichkeit hast du ihn gekrönt." (Psalm 8,4–6)

Der ehemalige Bundeskanzler Helmut Schmidt (1918–2015) ordnete der Religion in der Gegenwart vor allem eine moralische Aufgabe zu und berief sich dafür ausdrücklich auf das Religionsverständnis Immanuel Kants (1724–1804).[12] Kants programmatische Schrift „Die Religion innerhalb der Grenzen der bloßen Vernunft" war 1793 veröffentlicht

---

12 *Helmut Schmidt*: *Religion in der Verantwortung:* Gefährdungen des Friedens im Zeitalter der Globalisierung, Berlin 2011. Bei diesem Buch handelt es sich um kein systematisch ausgearbeitetes Werk, sondern vielmehr um eine Aufsatzsammlung, die Texte zusammenstellt, die Schmidt zum Thema sukzessive seit den 70er Jahren veröffentlicht hatte. Alle Texte geben Einblick in eine Persönlichkeit und in ein politisches Denken, das sich einer aufgeklärten Vernunft verpflichtet weiß. Bereits seine kirchliche Trauung während des Krieges begründet Schmidt in diesen Texten mit einer „Hoffnung auf die moralische Kraft der Kirche" (a. a. O., S. 17). Er bezeichnet sich selbst im Wesentlichen deshalb als Christ, weil er von der „Notwendigkeit der Moral" überzeugt ist, die das Christentum entfaltet hat (a. a. O., S. 144). Seine Verweise auf Kants vernunftbegründete Ethik (a. a. O., S. 242) sind in engstem Zusammenhang damit zu sehen.

worden.[13] Entstanden war sie auf der Grundlage seiner drei philosophischen Hauptwerke (Kritik der reinen Vernunft, Kritik der praktischen Vernunft, Kritik der Urteilskraft). Kants Religionsschrift erfuhr seitens der preußischen Obrigkeit Ablehnung und Repression. Wer die Religion angriff, konnte auch den Staat erschüttern, und der preußische Staat seiner Zeit (der nicht mehr von der aufgeklärten Toleranz des großen Friedrich geleitet wurde) wollte dies wohl mit Blick auf die Französische Revolution, die 1789 mit dem so genannten „Sturm auf die Bastille" begonnen hatte, nicht dulden.

Kant war zwar seiner Herkunft nach Protestant, stand aber in innerem Gegensatz zu der engen, pietistischen Frömmigkeit, in welcher er erzogen worden war. Seine Schrift ist daher bis in die Diktion hinein Religionskritik bei gleichzeitiger Würdigung eines moralischen Kerngehalts von Religion, an dem der Königsberger Philosoph unbedingt festhalten wollte. Dabei stand für ihn als Ertrag seiner klassischen Schriften fest: Gott lässt sich mit den Mitteln der Vernunft weder beweisen noch widerlegen. Seine Existenz ist vielmehr ein Postulat der praktischen Vernunft.

Religion, so argumentiert Kant auf dieser Grundlage in seiner Religionsschrift, hat sich „innerhalb der Grenzen der

---

13 *Immanuel Kant: Die Religion innerhalb der Grenzen der bloßen Vernunft.* Mit einer Einleitung und Anmerkungen hg. von Bettina Stangneth, Hamburg 2. Aufl. 2017. Bettina Stangneth stellt in ihrer Einleitung unter der Überschrift ‚Kants schädliche Schriften' (a.a.O., S. IX–LXXV) sehr ausführlich den komplexen historischen Entstehungszusammenhang der Schrift sowie deren Text- und Editionsgeschichte dar. Ich gehe auf diese historisch-genetischen Aspekte im Folgenden nicht ein, sondern versuche, eine knappe systematische Rekonstruktion des Kant'schen Argumentationszusammenhanges zu geben.

bloßen Vernunft" zu bewegen. Diese Vernunft ist eine praktische, sie ist im Grunde genommen mit Moral identisch. Nicht die Religion setzt der Vernunft Grenzen, sondern umgekehrt. Wie Kant seine Gedanken im Einzelnen entfaltet, möchte ich hier in drei Schritten skizzieren.

Religion und Moral

„Zuerst kommt die Moral. Auf ihrer Grundlage kann sich dann der Glaube entwickeln."[14] So fasst Manfred Geier Kants Religionsphilosophie bündig zusammen. Zuerst kommt also die Moral. Sie kam bereits mit den Zehn Geboten. Und sie kommt erst recht mit dem Gründer des Christentums, Jesus von Nazareth. Er gilt Kant als Lehrer und als (Ver-) Künder einer moralischen Religion. Der beste Beleg dafür sei, so Kant, die Bergpredigt. Lässt sich aber Jesus, selbst der Jesus, den die Bergpredigt uns vor Augen stellt, auf einen Gesetzgeber reduzieren? Schon die Seligpreisungen am Anfang der Bergpredigt (Matthäus 5, 1–12) haben doch nicht in erster Linie eine moralische, sondern eine tröstende und erbauliche Absicht. Aber, gesetzt den Fall, man lässt sich auf Kants Interpretationsansatz ein – wie entfaltet er diesen des Näheren?

Der Gegensatz zur moralischen, rein auf Vernunft gegründeten Religion ist ihm zufolge die „statuarische Religion"[15], die sich auf bloße Statuten gründet, also solche Gesetze, die moralisch gesehen gleichgültig sind. (Zum Beispiel also rein rituelle Gesetze über Kleidung, Reinigung und Essverhalten der Gläubigen.) Eine statuarische Religion, so meint Kant, sei letztlich ein Wahnsystem. Wer in ihrem Dienst steht, leis-

---

14 *Manfred Geier*: *Kants Welt*: Eine Biographie, Reinbek bei Hamburg, 5. Aufl. 2004, S. 266.

15 *Kant, Die Religion innerhalb der Grenzen*, a. a. O., S. 138, 164, 169, 225 u. ö. (= B 147, B 179, B186, B 254 u. ö.).

tet einen „Afterdienst". Denn: „Alles was außer dem guten Lebenswandel der Mensch noch tun zu können vermeint, um Gott wohlgefällig zu werden, ist bloßer Religionswahn und Afterdienst Gottes."[16]

Jörg Dierken schreibt mit Blick auf Kants Religionsschrift zu Recht: „Immanuel Kants Denken bildet den Gipfel der Aufklärung. An ihm kommt keine intellektuelle Selbstverständigung der Moderne vorbei. [...] Die Kirche und ihre Lehre müssen sich Kants schroffer Unterscheidung von ‚Dienst' und ‚Afterdienst Gottes' stellen."[17] In der Tat: Dieser schroffen Unterscheidung müssen die Kirche und ihre Lehre sich aussetzen, wenn sie ihr Verhältnis zur Vernunft bestimmen wollen.

Kant ist an diesem Punkt nicht nur kategorisch, sondern höchst polemisch. Denn jedes Religionssystem, das sich außerhalb der Grenzen der (bloßen) Vernunft bewegt, geißelt er mit schärfsten Vorwürfen. Er spricht von Aberglauben, Pfaffentum, After- und Fetischdienst und von abergläubischem Wahn. Faszinierend ist die wagemutige Ironie, mit der Kant die faktischen Formen von Religion behandelt. So redet er beispielsweise davon, dass Wunder „nicht jedermanns Sache"[18] seien. Damit wird auf eine vorsichtige und

---

16 *Kant, Die Religion innerhalb der Grenzen*, a.a.O., S. 230 (= B260f).

17 *Jörg Dierken: „Vernunft, Religion und der Gottesgedanke bei Kant"*, in: *Jörg Lauster/Bernd Oberdorfer (Hg.): Der Gott der Vernunft:* Protestantismus und vernünftiger Gottesglaube, Tübingen 2009, S. 171–188, dort S. 171. Auch wenn ich Dierkens Ausgangsthese teile, folge ich seiner Argumentation insgesamt nicht, weil er (wohl von seiner Nähe zu Hegels Philosophie her) Kants Religionsverständnis mit den Kategorien der Dialektik zu verstehen versucht.

18 *Kant, Die Religion innerhalb der Grenzen*, a.a.O., S. 219 (= B246).

feine Weise eine Distanzierung vom Supranaturalismus vollzogen, die der Leser und die Leserin sich aneignen können, aber nicht müssen.

Der Kern seiner Aussagen aber, auf den Kant immer wieder zurückkommt, ist der moralische Charakter der Religion. Die Existenz Gottes, die theoretisch in keiner Weise bewiesen werden kann, ist ihm zufolge ein Postulat der praktischen Vernunft. Denn gäbe es Gott nicht, dann würden Sittlichkeit, Glückwürdigkeit und Glückseligkeit auseinanderfallen. Das aber hält Kant für undenkbar. Weil die Tugend Lohn verdient und es auf dieser Welt zumeist keinen gerechten Ausgleich gibt, muss Gottes Existenz postuliert (also gefordert) werden.

Damit ist Gott zugleich selbst als ein moralischer Weltenherrscher gedeutet. „Diese Idee eines moralischen Weltenherrschers ist eine Aufgabe für unsere praktische Vernunft. Es liegt uns nicht sowohl daran, zu wissen, was Gott an sich selbst (seine Natur) sei, sondern was er für uns als moralische Wesen sei ...“[19]. Sofern Gott und Mensch als moralische Wesen gedacht werden, ist Religion (zumindest „subjektiv betrachtet“) nichts anderes als „... das Erkenntnis aller unserer Pflichten als göttlicher Gebote.“[20]

Weil die christliche Religion auf die Heilige Schrift bezogen ist und diese notwendig der Auslegung bedarf, stellt sich die Frage nach den Auslegungsprinzipien, also nach der Hermeneutik der Heiligen Schrift. Für Kant ist klar: „... da das letztere, nämlich die moralische Besserung des Menschen, den eigentlichen Zweck aller Vernunftreligion ausmacht, so

19 *Kant, Die Religion innerhalb der Grenzen*, a.a.O., S. 189 (= B211).

20 *Kant, Die Religion innerhalb der Grenzen*, a.a.O., S. 206 (= B230).

wird diese auch das oberste Prinzip aller Schriftauslegung enthalten."[21] Etwas vereinfacht, kann man wohl sagen: Kants Schrifthermeneutik spitzt die klassische Lehre vom vierfachen Schriftsinn auf den moralischen Aspekt zu. Der buchstäbliche Sinn (Literalsinn), die dogmatische und die eschatologische Bedeutung spielen demgegenüber bei Kant keine (oder jedenfalls keine wesentliche) Rolle. Entsprechend folgt bezüglich des Inhalts der Religion: Eine vernünftige, also moralische Religion kann nichts anderes als Gesetze enthalten.

Ist das aber so? Enthält Religion „nichts als Gesetze"? Sind nicht auch Trost und Hoffnung wesentliche Inhalte von Religion? Sind sie nicht – im christlichen Verständnis – von den Menschen erbetene und von Gott geschenkte Güter? Ist Liebe nicht auch ein wesentlicher Inhalt von Religion? Erschöpft Liebe sich in Gesetzen, oder ist sie mehr und anderes als diese? Kants Religionsverständnis spitzt Religion auf Moral zu und verengt sie so. So wichtig die Moral für Religion auch sein mag, so sehr fragt sich doch, ob sie ihr alleiniger Inhalt ist.

Gottesdienst und Sakramente

Wenn die wahre Religion aus nichts anderem als Moral besteht, liegt der Gedanke zunächst nahe, dass die so genannten typischen religiösen Handlungen wie das Beten, der Kirchgang (Gottesdienstbesuch) und die Spendung und der Empfang der Sakramente (Taufe und Abendmahl) bloß statuarischer Natur und somit überflüssig oder gar verwerflich sein könnten. Das sieht Kant aber nicht so. Er trifft vielmehr an diesem Punkt eine klare Unterscheidung: Wenn solche Vorgänge stattfinden und die sie praktizierenden Per-

21 *Kant*, *Die Religion innerhalb der Grenzen*, a.a.O., S. 150 (= B161).

sonen darin ein Gnadenmittel sehen, also eine Möglichkeit, sich Gottes Liebe durch ein gutes Werk zu verdienen, dann handelt es sich dabei um einen abergläubischen Wahn, ja, um Idololatrie (Anbetung von Götzen). Diese Argumentation wirkt gut protestantisch, wenn es denn von Anfang an das Anliegen Martin Luthers und der anderen Väter und Mütter der Reformation war, alle menschlichen Werke und Leistungen einer Kritik zu unterziehen, die unternommen werden, um sich das Heil zu verdienen.

In anderer Weise aber ergeben alle vorgenannten religiösen Handlungen nach Kant durchaus einen guten Sinn:

> Das **Beten** (oder der innere Gottesdienst) etwa kann als die alle unsere Handlungen begleitende Gesinnung betrachtet werden und ist ein „Mittel zu wiederholter Belebung jener [moralischen, E. Pausch] Gesinnung in uns selbst".[22]
> Der **Kirchgang** (oder der äußere Gottesdienst) ist eine sinnliche Darstellung der Gemeinschaft der Gläubigen und dient damit zu deren Erbauung.[23]
> Die **Taufe** ist eine einmalige, feierliche Einweihung zur Kirchengemeinschaft und insofern eine „vielbedeutende Feierlichkeit".[24]
> Das **Abendmahl** stellt als Feierlichkeit die Erneuerung, Fortdauer und Fortpflanzung der Kirchengemeinschaft „nach Gesetzen der Gleichheit"[25] dar.

Es dürfte deutlich sein, dass Kant bei dieser Entfaltung seines Religionsverständnisses sich nicht nur an der christlichen Re-

---

22 *Kant, Die Religion innerhalb der Grenzen,* a.a.O., S. 265 (= B303).

23 Vgl. *Kant, Die Religion innerhalb der Grenzen*, a.a.O., S. 268 (= B308).

24 *Kant, Die Religion innerhalb der Grenzen*, a.a.O., S. 270 (= B310).

25 Ebd., S. 270 (= B310).

ligion, sondern vielmehr sogar an der christlichen Religion in ihrer evangelischen Gestalt orientierte, der er angehörte und deren klassische Definition von Kirche im VII. Artikel des Augsburger Bekenntnisses gegeben wurde: „Es wird auch gelehrt, dass allezeit eine heilige, christliche Kirche sein und bleiben muss, die die Versammlung aller Gläubigen ist, bei denen das Evangelium rein gepredigt und die heiligen Sakramente laut dem Evangelium gereicht werden. Denn das genügt zur wahren Einheit der christlichen Kirche, dass das Evangelium einträchtig im reinen Verständnis gepredigt und die Sakramente dem göttlichen Wort gemäß gereicht werden."[26]

Der Gottesdienst und die Sakramente (Gebet, Kirchgang, Taufe und Abendmahl) – hierin besteht für Kant die zweifelsfrei sinnvolle religiöse Praxis. Zu weiteren religiösen oder kirchlichen Amtshandlungen (die in der römisch-katholischen Kirche ja auch den Charakter von Sakramenten haben können) oder zu Ritualen und Frömmigkeitspraktiken anderer Religionen äußert Kant sich an dieser Stelle nicht, was deren Sinnhaftigkeit weder ausschließt noch nahelegt.

Vernunft und Religion

Kann eine rein vernünftig sich begründende Religion auf Erlösung hoffen – oder ist dies eine Hoffnung, die notwendig außerhalb ihres Vorstellungsvermögens liegt? Kant meint, dass Erlösung möglich sei. „Die Vernunft [...] sagt, dass, wer in einer wahrhaften der Pflicht ergebenen Gesinnung so viel, als in seinem Vermögen steht, tut, [...] hoffen dürfe, was

26 Hier zitiert nach der eingängigen Fassung, wie sie sich im Evangelischen Gesangbuch findet (*Evangelisches Gesangbuch*, Nr. 906).

nicht in seinem Vermögen steht, das werde von der höchsten Weisheit auf irgend eine Weise [...] ergänzt werden ...".[27]

Der Schlusssatz seiner Religionsschrift nimmt diesen Gedanken noch einmal auf und gibt ihm – gemäß dem Stilgesetz vom Achtergewicht – besonderen Nachdruck. Es sei, so Kant, nicht der rechte Weg, „ ... von der Begnadigung zur Tugend, sondern vielmehr von der Tugend zur Begnadigung fortzuschreiten."[28]

Das klingt sehr ähnlich wie Goethes Schlüsselsatz aus Faust II: „Wer immer strebend sich bemüht, den können wir erlösen"[29]. Doch hat Goethe bei dieser Bemühung das ganze Spektrum menschlicher Kreativität vor Augen, während Kant ausschließlich auf die guten Werke, das moralische Handeln blickt.

Wie auch immer: Eine aus dem Rechtfertigungsglauben heraus sich verstehende eigentümliche Gestaltung des Christentums wie der Protestantismus kann nicht umhin, an beide, also an Kant wie an Goethe[30], die kritische Frage zu stellen, ob nicht doch auch Menschen erlöst (oder begnadigt) werden

---

27 *Kant, Die Religion innerhalb der Grenzen*, a.a.O., S. 231 (= B262).

28 *Kant, Die Religion innerhalb der Grenzen*, a.a.O., S. 273 (= B314).

29 *Johann-Wolfgang von Goethe*: *Faust: Der Tragödie erster und zweiter Teil. Urfaust*, a.a.O., S. 359.

30 Während der frühe Goethe Kant unter anderem wegen dessen These vom „radikal Bösen" im Menschen sehr kritisch betrachtete, näherte er sich ihm wohl unter dem Einfluss Schillers allmählich an. Gegenüber seinem Sekretär Eckermann bezeichnete er ihn in seiner Spätzeit sogar als den wohl bedeutendsten Philosophen der Gegenwart. Der Satz „Wer immer strebend sich bemüht, den können wir erlösen" ist in tugendethischer Auslegung mit Kants Religionsphilosophie völlig vereinbar.

können, die sich keineswegs bemüht haben, in ihrem Bemühen gescheitert sind oder einfach alles andere als tugendhaft waren. Die Aussage „Wer immer strebend sich bemüht, den können wir erlösen“ schließt dies zwar nicht explizit aus, legt es aber auch nicht unbedingt nahe. Und es fragt sich auch, was Kant damit meint, wenn er fordert, von der Tugend zu Begnadigung „fortzuschreiten“. Wer ist es, der dabei fortschreitet? Der Mensch selbst? Das wäre klassische Werkgerechtigkeit, ja, in einem gewissen Sinne Selbstbegnadigung. Kann das gemeint sein? Geht es um den Fortschritt Gottes, der sich in seiner Gnade auf den Tugendhaften hinbewegt? Oder geht es – eine dritte Interpretationsmöglichkeit – um einen gedanklichen Fortschritt, in dem Sinne: Wir müssen zuerst über die Möglichkeit der Moral bzw. Tugendhaftigkeit nachdenken und sollten uns danach erst die Frage nach der Gnade Gottes stellen? Ich vermute diese dritte Lösung, schließe aber die zweite nicht ganz aus.

Sicherlich lässt sich eine ganze Reihe von kritischen Fragen an Kants Religionsverständnis stellen. Und eine in ihrem Wesen kritische Philosophie fordert solche Fragen geradezu heraus. Kants Grundthese aber, dass Religion wenn schon nicht in den Grenzen, so doch immerhin im Einklang mit der bloßen Vernunft zu denken sei, ist möglicherweise heute bedeutsamer denn je. Wenn wir nicht wie die neuen Atheisten im Sinne eines Richard Dawkins Religion als eine Art „Gotteswahn“[31] insgesamt verabschieden möchten, müssen wir uns entscheiden, ob wir Vernunft in die mehr oder weniger engen Grenzen des Glaubens oder der Religion einschließen wollen (wie dies auf höchst unterschiedliche Weise der kirchliche Dogmatiker Karl Barth, der christliche Fundamentalist Billy Graham oder aber Benedikt XVI./Joseph Ratzinger als Vertreter des

31 *Richard Dawkins*: *Der Gotteswahn*, Berlin 6. Aufl. 2007.

römisch-katholischen Lehramts taten bzw. tun[32]) oder ob wir in der Gegenwart auf der Grundlage Kants das Programm der „Religion innerhalb der Grenzen der bloßen Vernunft“ zur Geltung bringen wollen. Auch eine dritte Möglichkeit ist denkbar, nämlich die eines nachbarschaftlich-partnerschaftlichen, manchmal auch streitbaren, insgesamt aber widerspruchsfreien Verhältnisses von Religion und Vernunft.

Viele Streitfragen, mit denen sich Christenmenschen, Gemeinden und Kirchen beschäftigen, haben vor dem Forum der praktischen Vernunft keine Bedeutung. Das Christentum könnte also mancherlei inhaltlichen Ballast abwerfen, wenn es sich konsequent von Kant her verstünde. Alles, was nicht rein vernünftig oder moralisch begründbar wäre, müsste dann aus der Religion verschwinden. Im Blick auf Jesus hat Kant die Konsequenz gezogen, ihn durchweg als „Lehrer“ oder als „Lehrer des Evangeliums“[33] sowie als „Urbild der

---

32 Vielleicht tue ich dem erst kürzlich verstorbenen *Billy Graham* (1918–2018) Unrecht mit meiner Einschätzung, er sei ein „Fideist“ gewesen. Jedenfalls nehme ich die von Wilfried Härle in einer E-Mail vom 5.1.2019 diesbezüglich geäußerte Kritik ernst. Ich bleibe jedoch bei meiner Wahrnehmung im Blick auf *Benedikt XVI.* – zwar ist zutreffend, dass er die Vernunft sehr hoch schätzt, jedoch hält er sie ebenso klar für „reinigungsbedürftig“. Eine Vernunft ohne metaphysische Grundlage hält er für ausgeschlossen, und die „Reinigung“ der Vernunft sieht er als genuine Aufgabe für die Kirche (!) an. Beides bringt ihn durchaus in eine Spannung zur Aufklärung – nicht nur im Sinne Immanuel Kants. Vgl. hierzu auch die Kritik von Wolfgang Huber, in: *Wolfgang Huber: Im Geist der Freiheit* – Für eine Ökumene der Profile, Freiburg/Basel/Wien 2007, S. 90–96.

33 Der Theologe Thomas von Aquin nannte Aristoteles „den Philosophen“, der Theologe Rudolf Bultmann sprach häufig von „der Philosophie“, wenn er das Denken Martin Heideggers meinte. Und umgekehrt hatte der Philosoph Kant die bezeichnende Ge-

Nachfolge“ (wohl im Sinne von: „Vorbild für Nachfolgende“) zu betrachten. Und Rudolf Bultmann – an diesem Punkt zweifelsohne Kantianer – hat seine berühmten „Erledigt“-Sätze gesprochen:

„Erledigt sind damit die Geschichten von der Himmel- und Höllenfahrt Christi; erledigt ist die Erwartung des mit den Wolken des Himmels kommenden ‚Menschensohnes‘ und des Entrafftwerdens der Gläubigen in die Luft, ihm entgegen (1. Thess. 4,15 ff.). Erledigt ist durch die Kenntnis der Kräfte und Gesetze der Natur *der Geister- und Dämonenglaube*. Die Gestirne gelten uns als Weltkörper, deren Bewegung eine kosmische Gesetzlichkeit regiert; sie sind für uns keine dämonischen Wesen, die den Menschen in ihren Dienst versklaven. Haben sie Einfluß auf das menschliche Leben, so vollzieht sich dieser nach verständlicher Ordnung und ist nicht die Folge ihrer Bosheit. Krankheiten und ihre Heilungen haben ihre natürlichen Ursachen und beruhen nicht auf dem Wirken von Dämonen bzw. auf deren Bannung. *Die Wunder des Neuen Testaments* sind damit als Wunder erledigt.“[34]

Die Reaktionen auf die von Kant und der Aufklärung gebotene Radikalität im Blick auf die Auslegung der Bibel und die Deutung der Person Jesu waren bekanntlich einer-

---

wohnheit, Jesus als „Lehrer“ zu kennzeichnen. Wohlgemerkt, als Lehrer der Moral bzw. der Tugend.

34 *Rudolf Bultmann: Neues Testament und Mythologie*: Das Problem der Entmythologisierung der neutestamentlichen Verkündigung. Nachdruck der 1941 erschienenen Fassung, hg. von Eberhard Jüngel, München 2. Aufl. 1985, S. 15 f. Es fragt sich allerdings – gegen Kant, gegen Bultmann und gegen die auch im allgemeinen Bewusstsein weit verbreitete römisch-katholische „Wunder“-Vorstellung –, ob unter „Wunder“ zwingend Ereignisse zu verstehen sind, die das Ursache-Wirkungs-Schema verletzen.

seits eine fortschreitende, mit Skeptizismus sich begründende Säkularisierung bis hin zu den neuen Atheisten um Dawkins, andererseits unterschiedliche innerkirchliche Tendenzen des Fundamentalismus bzw. der Dogmatisierung. Zu letzteren zähle ich die sowohl die drei als „unfehlbar“ verkündeten Dogmen der römisch-katholischen Kirche (1854: die unbefleckte Empfängnis Marias, 1870: die Unfehlbarkeit des Papstes bei Reden ‚ex cathedra‘, 1950: die leibliche Aufnahme Marias in den Himmel) als auch die evangelikal-literalistische Wiederkehr und Verhärtung der Verbalinspirationslehre[35] in bestimmten Strömungen des Protestantismus.

Natürlich würde der hier genannte Maßstab auch für die anderen Religionen (Kant nennt sie „vielerlei Arten des Glaubens“) gelten, denen wir in unserer Gesellschaft begegnen. Sie alle müssten sich fragen lassen, ob sich ihr Handeln vor dem Forum der kritischen Vernunft ausweisen kann. Wie ist beispielsweise die in Judentum und Islam übliche Praxis der Beschneidung aus einer rein vernünftigen und rein moralischen Perspektive zu beurteilen? Ich bekenne hier – abweichend von der Haltung der Evangelischen Kirche in Deutschland (EKD) – durchaus mein Verständnis für das so genannte „Kölner Beschneidungsurteil“ von 2012, welches

35 Die heute üblichen Varianten der Inspirationslehre heißen: Real-, Personal- und Verbalinspirationslehre. Worte (verba) sind aber eine Teilmenge der Menge aller Zeichen (signa), und auch Personen lassen sich in semiotischer Perspektive als Zeichenprozesse verstehen. Zeichenprozesse aber sind Elementarbausteine der Wirklichkeit (Realität). Ich schlage daher vor, von einer Inspiration der Zeichen auszugehen, denke somit von einer **Signalinspirationslehre** aus. Wenn und weil Zeichen vom Geist Gottes inspiriert sind, gilt dies auch für Personen und Worte, die von Personen geäußert werden. Ich kann dies hier nur andeuten und behalte mir vor, dies an anderer Stelle auszuführen.

religiös motivierte Beschneidungen als „Körperverletzung" versteht.[36] Ich wende mich damit nicht gegen die hohe Errungenschaft der Religionsfreiheit in unserer Gesellschaft, sondern plädiere für eine kritische Prüfung *aller* Religionen vor dem Forum der bloßen Vernunft.

Bei aller Würdigung des moralischen Gehaltes der Religion ist über Kant hinaus nach einer Religion im Einklang mit der bloßen Vernunft zu fragen, die sich nicht allein in Moral erschöpft[37], sondern den Menschen der Gegenwart auch leistungsfähige Trost-, Hoffnungs- und Liebespotenziale anzubieten vermag. Einen faszinierenden Antwortversuch gab vor zweihundert Jahren in der Sprache der Romantik Friedrich Daniel Ernst Schleiermacher (1768–1834). Er sah das Wesen der Religion nicht im Denken (Metaphysik) und nicht im Handeln (Moral), sondern in Anschauung und Gefühl, genauer in der Anschauung des Universums begründet.[38] Auch wenn wir heute nicht mehr in der Sprache der Romantik sprechen können, sollten wir seinem Anliegen verpflichtet bleiben.

---

36 Die Haltung der EKD hat mit der Solidarität der großen Religionen untereinander zu tun und sicherlich auch – im Blick auf das Judentum – mit der schuldbeladenen Vergangenheit der Kirche während der Zeit des Nationalsozialismus. Beide Gesichtspunkte sind sehr respektabel, aber sie denken nicht aus der Perspektive der „Religion innerhalb der Grenzen der bloßen Vernunft".

37 Was ich in diesem Buch zeigen möchte, ist: Sowohl Religion als auch Vernunft haben mehrere Dimensionen, und ihre Schnittmenge ist größer als die Moral. Wohl aber gilt: Was weder vernünftig noch moralisch ist, kann auch in der Religion keine Berechtigung haben.

38 Vgl. hierzu *Jörg Lauster: „Eine Welt erschaffen – Friedrich Schleiermacher:* Der Theologe, der das Religionsverständnis revolutionierte", in: Zeitzeichen 11 (2018), S. 39–41.

Für Kant, in anderer Weise auch für Schleiermacher und für den unbekannten Verfasser des 8. Psalms stellte sich mit der Frage nach der Religion unvermeidlich die Frage: **„Was ist der Mensch?“** (Psalm 8, Vers 5).[39] Wer aus christlicher Sicht sagen will, was der Mensch ist, der muss auch und sogar wesentlich von Gott sprechen, wenn es denn richtig ist, dass das Wesen des Menschen sich nur bestimmen lässt über Gott, der den Menschen geschaffen und zu seinem Ebenbild bestimmt hat (1. Mose 1,27) und sein Heil wünscht – was nichts anderes bedeutet, als dass ihm geholfen werde und er zur Erkenntnis der Wahrheit kommen möge (1. Timotheus 2, 4). Der von Gott geliebte und zu seinem Ebenbild bestimmte Mensch aber lebt in den Dimensionen von Glaube, Liebe und Hoffnung. Sie machen die christliche Existenz aus. Und sie sind mehr und Anderes als nur Tugenden, als bloße Moral.

---

39 Wilfried Härle belegt anhand von Kants eigenen Aussagen, dass diese Grundfrage für Kant hinter den drei anderen großen Fragen stand, die seine drei Hauptwerke motivierten: „Was kann ich erkennen? Was soll ich tun? Was darf ich hoffen?“ (*Wilfried Härle*: *Ethik*, Berlin/Boston 2. Aufl. 2018, S. 60 Anm.1).

2. Glaube, Liebe, Hoffnung: Die drei Dimensionen christlicher Existenz

„1 Wenn ich mit Menschen- und mit Engelzungen redete
und hätte der Liebe nicht, so wäre ich ein tönendes Erz
oder eine klingende Schelle. 2 Und wenn ich prophetisch
reden könnte und wüsste alle Geheimnisse und alle Er-
kenntnis und hätte allen Glauben, sodass ich Berge ver-
setzen könnte, und hätte der Liebe nicht, so wäre ich
nichts. 3 Und wenn ich alle meine Habe den Armen gäbe
und meinen Leib dahingäbe, mich zu rühmen, und hätte
der Liebe nicht, so wäre mir's nichts nütze. 4 Die Liebe ist
langmütig und freundlich, die Liebe eifert nicht, die Liebe
treibt nicht Mutwillen, sie bläht sich nicht auf, 5 sie ver-
hält sich nicht ungehörig, sie sucht nicht das Ihre, sie lässt
sich nicht erbittern, sie rechnet das Böse nicht zu, 6 sie
freut sich nicht über die Ungerechtigkeit, sie freut sich
aber an der Wahrheit; 7 sie erträgt alles, sie glaubt alles,
sie hofft alles, sie duldet alles. 8 Die Liebe höret nimmer
auf, wo doch das prophetische Reden aufhören wird
und das Zungenreden aufhören wird und die Erkenntnis
aufhören wird. 9 Denn unser Wissen ist Stückwerk und
unser prophetisches Reden ist Stückwerk. 10 Wenn aber
kommen wird das Vollkommene, so wird das Stückwerk
aufhören. 11 Als ich ein Kind war, da redete ich wie ein
Kind und dachte wie ein Kind und war klug wie ein Kind;
als ich aber ein Mann wurde, tat ich ab, was kindlich war.
12 Wir sehen jetzt durch einen Spiegel in einem dunklen
Bild; dann aber von Angesicht zu Angesicht. Jetzt erkenne
ich stückweise; dann aber werde ich erkennen, gleichwie
ich erkannt bin. 13 Nun aber bleiben Glaube, Hoffnung,
Liebe, diese drei; aber die Liebe ist die größte unter ih-
nen." (1. Korinther 13,1–13)

Wir Menschen leben in einer Welt, der wir üblicherweise 3 oder 4 Dimensionen zuordnen: drei Raumdimensionen sowie eine

Zeitdimension. Die moderne Physik und Kosmologie lehrt uns, dass gemäß der sog. „Cosmic-String"-Theorie unser Kosmos 10, 11 oder sogar noch mehr Dimensionen haben dürfte, von denen wir allenfalls drei oder vier erkennen können. Warum dies so ist, darauf hat der kürzlich verstorbene Physiker Stephen W. Hawking (1942–2018) die Antwort gegeben, dass nur vier Dimensionen eine hinreichende Erstreckung haben, um wahrgenommen werden zu können – die übrigen Dimensionen sind so winzig klein, dass sie für unsere Wahrnehmung und unser Leben schlicht keine Rolle spielen.[40]

Wenn ich dieses Bild einmal aus der modernen Wissenschaft auf die Theologie übertragen darf – im vollem Bewusstsein, dass es sich um ein Bild handelt –, dann frage ich im Blick auf die biblische Botschaft: **Wie viele Dimensionen hat eigentlich das Leben der Christenmenschen, also die christliche Existenz?** Auf diese Frage hat der Apostel Paulus eine klare Antwort gegeben. Sie hat zwei Teile: ***Erstens*** wissen wir nicht, wie viele Dimensionen die christliche Existenz überhaupt hat, weil wir alles, was wir erkennen, **nur in Teilen erkennen** können. Denn alles, was wir wissen und erkennen, ist **Stückwerk** (1. Korinther 13, 9–12). Folglich auch der Umfang aller Dimensionen unserer Existenz. ***Zweitens:*** Es gibt aber mindestens drei Dimensionen christlicher Existenz, die wir klar und unzweifelhaft erkennen können. Sie heißen **Glaube, Liebe und Hoffnung** (1. Thessalonicher 1, V.3; 1. Thessalonicher 5, V.8; 1. Korinther 13).

Um sich diese Dimensionen noch einmal mit einem physikalischen Bild zu veranschaulichen, könnte man die Dimen-

---

40 Vgl. *Stephen Hawking*: *Eine kurze Geschichte der Zeit*: Die Suche nach der Urkraft des Universums, Reinbek bei Hamburg 1988. S. 204–208. Sowie *ders.: Das Universum in der Nußschale*, München 2003, S. 62–62, 186 ff.

sion des Glaubens mit der Höhe/Tiefe gleichsetzen und als vertikale Dimension bezeichnen: **„V" wie „vertikal" oder „Vertrauen" als Synonym für Glauben.** Die Liebesdimension könnte man als soziale Dimension mit „Rechts/Links" bzw. „seitlich", auf lateinisch: als laterale Dimension identifizieren. **„L" also wie „lateral" oder „Liebe".** Schließlich könnte man die Hoffnungsdimension als temporale oder auch als horizontale Dimension bezeichnen: **„H" wie „horizontal" oder Hoffnung.** Diese etwas spielerisch und vielleicht auch willkürlich anmutende Kennzeichnung soll nicht nur einprägsam sein, sondern vor allem bildhaft deutlich machen: Glaube, Hoffnung und Liebe sind tatsächlich **Dimensionen** christlicher Existenz. Sie sind damit aber weit **mehr als bloße „Tugenden"**, wie die römisch-katholische Sicht der Dinge seit Thomas von Aquin ist. Ihm zufolge gibt es neben diesen drei „theologischen" Tugenden, wie er sie nennt, noch vier weitere „Kardinaltugenden", nämlich Klugheit/Weisheit, Gerechtigkeit, Besonnenheit und Tapferkeit.[41] Hierbei schließt er sich an Platon und die antike klassische Philosophie an.

---

41 *Thomas von Aquino*: *Summe der Theologie*, Bd. 2: Die sittliche Weltordnung, hg. von Joseph Bernhart, Stuttgart 1985, S. 356–362 (61. und 62. Untersuchung). Bernhart bezeichnet die vier „Angeltugenden" in seiner Übersetzung als „Klugheit", „Gerechtigkeit", „Mäßigkeit" und „Starkmut" (a. a. O., S. 356). Interessant ist, dass Thomas von Aquin die drei „göttlichen/theologischen Tugenden" in seinem theologischen Hauptwerk in zweierlei Reihenfolge anordnet: Die Liebe komme zeitlich nach der Hoffnung, diese nach dem Glauben – hinsichtlich ihrer Vollkommenheit übertreffe die Liebe jedoch die früher vorhandenen Tugenden. Ohne Zweifel erkennt Thomas den hohen Stellenwert der paulinischen Trias an. Jedoch beschränkt er sie, da er sie eben nur als Tugenden sieht, auf die Ebene der Moral. Das unterschätzt meines Erachtens ihren für die christliche Existenz

Wenn wir aber, Paulus auslegend, von Dimensionen sprechen, dann haben wir nicht nur Tugenden und somit den Bereich der Moral im Blick, sondern Haltungen, schauen also auf die ganzheitliche Verfasstheit menschlicher Existenz. Mit Hilfe von Dimensionen lässt sich der Ort einer Person vor Gott bestimmen, seine Position in der von Gott geschaffenen Welt lokalisieren.

Im Bühnenstück **„Peer Gynt"** des norwegischen Dichters Henrik Ibsen wird **Solveig**, also die Frau, die den jahrelang auf Reisen durch die Welt befindlichen Protagonisten Peer Gynt über alles liebt, gefragt, wo sich dieser in der Vergangenheit befunden habe. Der „Knopfgießer", eine mythische Misch-Gestalt aus Tod und Teufel, will dem Weltenbummler und Sünder Peer Gynt die Seele rauben. Dessen zeitliches sowie sein ewiges Leben hängen von der Beantwortung der Frage ab, wo er – Peer Gynt – in all den Jahren gewesen sei. Wenn Solveig richtig antwortet, kann sie Peer erlösen und befreien von der Schuld, die er auf sich geladen hat. Solveig meint, dieses Rätsel sei leicht zu lösen und antwortet: „In meinem Glauben, Hoffen und Lieben warst du."[42] Peer Gynt sei, so ihre letztlich geniale Auskunft, immer bei ihr gewesen, nämlich in ihrem Glauben, Hoffen und Lieben. Diese Antwort zeigt, dass der Dichter Ibsen Glaube, Liebe und Hoffnung als Dimensionen der menschlichen Existenz versteht, die den Ort eines Menschen vor Gott eindeutig zu bestimmen vermögen.[43]

---

absolut grundlegenden, kategorialen (und dimensionalen) Charakter.

42 *Henrik Ibsen: Peer Gynt*: Ein dramatisches Gedicht (1867), Reclam – Stuttgart 2004, S. 149.

43 Eine damit zumindest verwandte Argumentation findet sich bei Paulus, der in 1. Korinther 7, 14 festhält, dass ein glaubender

Man kann die genannten drei Dimensionen auch als fundamentale **Haltungen** verstehen, die auf drei ebenfalls fundamentalen (aber keinesfalls selbstverständlichen) **Einsichten** beruhen und diesen entsprechen. In einer kleinen Skizze dargestellt:

Fundamentale Einsicht	*Der Einsicht korrespondierende fundamentale Haltung*
Es gibt mich als Geschöpf Gottes (I).	Ich habe, allen Grund und Anlass, diesem Gott, der mich geschaffen hat, zu vertrauen bzw. an ihn zu glauben. Dieser Glaube kann nur als Liebe und verbunden mit Hoffnung gelebt werden. *(vertikale Dimension: Vertrauen bzw. Glaube)*
Es gibt mich und andere als Geschöpfe Gottes (II).	Ich habe allen Grund und Anlass, zu anderen Mitgeschöpfen bzw. Mitmenschen eine liebevolle Beziehung aufzubauen. Diese Liebe kann nur im Glauben und verbunden mit Hoffnung gelebt werden. *(laterale Dimension: Liebe)*
Es gibt mich und andere als Geschöpfe Gottes in der Zeit und auf Zeit (III).	Ich habe allen Grund und Anlass, zusammen mit anderen eine Hoffnung auf das Reich Gottes zu entwickeln, zu pflegen und zu bewahren. Eine entsprechende Perspektive auf ein sinnvolles und gutes Leben in dieser Welt sowie ein ewiges Leben bei und mit Gott kann nur im Glauben und als Liebe gelebt werden. *(horizontale Dimension: Hoffnung im Leben und über das Leben hinaus).*

Ehepartner den (ungläubigen) anderen und sogar die gemeinsamen Kinder „heilige“.

Es mag zunächst auffallen, dass alle drei hier genannten fundamentalen Einsichten vom Gedanken der Schöpfung der Welt und der Menschen in dieser Welt durch einen transzendenten Schöpfer ausgehen, eine die drei großen monotheistischen Religionen Judentum, Christentum und Islam verbindende Glaubensvorstellung. Dass die im Christentum diesen Einsichten korrespondierenden fundamentalen Haltungen auch für das Judentum und den Islam gelten, wird hier jedoch nicht behauptet. Wohl aber stehen alle hier genannten fundamentalen Einsichten und Haltungen am Anfang des Christentums und sind in seinen Ursprungs- und Orientierungsdokumenten (also den biblischen Schriften des Alten und Neuen Testaments) bezeugt. Sie verdanken sich Personen wie Jesus von Nazareth selbst, aber auch dem Apostel Paulus aus Tarsus, von denen der eine wesentlich mündlich und durch sein zeichenhaftes Handeln, der andere aber wirkungsmächtig schriftlich durch seine an die urchristlichen Gemeinden im Mittelmeerraum versandten Schriften kommunizierte. Dass auch Frauen ganz entscheidend den Beginn des Christentums prägten und gestalteten, etwa Maria, die Mutter Jesu, Maria Magdalena und – beispielsweise – die Apostelin Junia (Römer 16, 7)[44], sei hier eigens erwähnt und gewürdigt. Damit ist klar: Der christliche Glaube und die christliche Kirche haben einen identifizierbaren historischen Ursprung. Dieser liegt in der jüdischen Religion. Mit ihr ist das Christentum wesensmäßig am engsten verbunden. Dies zeigt sich nicht nur an den handelnden Personen aus dem Bereich des Judentums (wie Jesus, Petrus, Paulus, Maria

---

44 Junia ist die „verleugnete Apostelin“. Da man sich in späteren Zeiten nicht vorstellen konnte, dass in der Urgemeinde eine Frau ein Apostelamt innehatte, änderte man ihren Namen im Text in einen männlichen Vornamen („Junias“). Erst die neuere neutestamentliche Forschung konnte diesen Fehler korrigieren.

Magdalena) und gemeinsamen „Heiligen Schriften" (nämlich dem so genannten „Alten Testament"), sondern auch am für beide Religionen prägenden Ethos wie dem Gebot der Nächstenliebe (3. Mose 19, 18; Markus 12, 28–34; Römer 13, 8–10) und den „Zehn Geboten" (2. Mose 20; 5. Mose 5) sowie an gemeinsamen basalen[45] religiösen Handlungen wie dem Gebet zu dem einen Gott, der Schöpfer der Welt ist, und der Bitte um Segen und das Spenden von Segen. Die religiöse Praxis des Segnens soll im folgenden Kapitel in den Blick kommen.

Zuvor gilt es jedoch noch, in die genannte Differenzierung der drei Dimensionen christlicher Existenz noch einige Binnendifferenzierungen einzuzeichnen, die im Folgenden als bekannt vorausgesetzt, aber nicht mehr eigens genannt werden sollen:

Erstens: Was Paulus als **„Glaube"** bezeichnet, also das unbedingte Vertrauen zu Gott, der mich und alle Kreaturen geschaffen hat, kann in anderen Semantiken auch anders genannt werden und doch das identische Phänomen meinen. Wenn Martin Luther davon spricht, dass ich mein „Herz" an Gott hänge, wenn Friedrich Schleiermacher das „Gefühl schlechthinniger Abhängigkeit" thematisiert und wenn Paul Tillich von dem redet, „was mich unbedingt angeht" (the ultimate concern), dann sind dies sprachliche Wendungen, die wenn nicht synonym, so doch mindestens äquivalent sind mit dem, was bei Paulus „Glaube" heißt. Glaube, als interpersonales Vertrauen verstanden, ist nicht identisch mit einer Meinung über etwas (das wäre „doxastischer" Glaube), und er ist schon gar nicht eine unkritische Akzeptanz von Gegebenheiten. Christlicher Glaube jedenfalls schließt die

45 Basale religiöse Handlungen sind solche, die schlechterdings nicht wegzudenken sind aus der religiösen Praxis einer Religion, ohne diese in ihrem Wesenskern zu beschädigen.

Möglichkeit des Zweifelns ebenso ein wie die Notwendigkeit kritischen Denkens und Überprüfens.[46]

Zweitens: Was Paulus **„Hoffnung"** nennt, bezieht sich auch bei ihm selbst schon (und erst recht in späteren Zeiten) einerseits auf die irdisch-weltliche Hoffnung, also die Zuversicht, dass es in diesem Leben bessere und glücklichere Zeiten geben kann als manche, die vergangen sind, andererseits aber auch auf die eschatologische Hoffnung, der zufolge es ein Ende der Zeiten, eine Auferweckung der Toten und das ewige Reich Gottes geben wird, in dem alles Irdische sich vollenden wird. Die irdische und die eschatologische Hoffnung sind voneinander zu unterscheiden, auch wenn sie nicht völlig voneinander getrennt werden können. Welcher dieser beiden Hoffnungsaspekte überwogen hat, das hat die Kirchengeschichte und auch die Weltgeschichte jeweils unterschiedlich geprägt. Problematisch ist es aber stets dann gewesen, wenn beide Hoffnungsaspekte identifiziert wurden und ein „Ende der Welt" zu einem bestimmten Zeitpunkt x erwartet wurde, welches dann nicht eintrat.

Schon Paulus hatte im 1. Thessalonicherbrief, der wohl ältesten Schrift des Neuen Testaments[47], die Christinnen

46 An diesem Punkt widerspreche ich Steven Pinker ausdrücklich, der religiösen Glauben zur Gegenaufklärung rechnet, weil „... etwas glauben bedeutet, es als gegeben hinzunehmen, ohne es zu hinterfragen". (*Steven Pinker: Aufklärung jetzt*, a.a.O., S. 47, 441). Dass ich in vielen anderen Hinsichten mit den Aussagen Pinkers übereinstimme und auch seine Frontstellungen ansonsten teilen kann, sei hier ausdrücklich betont. Er scheint mir aber das kritische und auch humanistische Potenzial von Religion deutlich zu unterschätzen.

47 Der 1. Thessalonicherbrief wurde nach allgemeiner Auffassung um das Jahr 50 nach Christus in der griechischen Hafenstadt Korinth verfasst. Alle anderen Paulusbriefe sind später entstan-

und Christen in Thessaloniki trösten müssen, weil deren Erwartung einer raschen Wiederkehr Christi und eines nahen Weltendes enttäuscht wurde. Einige von ihnen waren verstorben, und nun fragten sich die übrigen Gemeindemitglieder in Thessaloniki, ob diese denn nun verloren gehen würden, da sie die Wiederkehr Christi nicht erlebt hatten. Paulus argumentiert „... mit einem Wort des Herrn, dass wir, die wir leben und übrig bleiben bis zum Kommen des Herrn, denen nicht zuvorkommen werden, die entschlafen sind. Denn er selbst, der Herr, wird, wenn der Ruf ertönt, wenn die Stimme des Erzengels und die Posaune Gottes erschallen, herabkommen vom Himmel, und die Toten werden in Christus auferstehen zuerst. Danach werden wir, die wir leben und übrig bleiben, zugleich mit ihnen entrückt werden auf den Wolken, dem Herrn entgegen in die Luft. Und so werden wir beim Herrn sein allezeit. So tröstet euch mit diesen Worten untereinander" (1. Thessalonicher 4, 15–18). Wenn auch in für uns heute fremdartige mythologische Bilder verpackt, ist doch die Absicht des Apostels klar erkennbar: Er will trösten und Hoffnung machen. Zugleich aber macht er auch im weiteren Verlauf der Argumentation deutlich, dass es für Menschen schlechterdings nicht möglich ist, den Zeitpunkt „x" des Weltendes vorherzusehen. Es empfiehlt sich also, das Hoffnungsphänomen auch intern differenziert zu betrachten: Es gibt Hoffnung auf ein sinnvolles und gutes Leben in dieser Welt, und es gibt eine Hoffnung über diese Welt und über den Tod hinaus.

Drittens: Auch für das Paulus so zentrale Phänomen der **„Liebe"** (Agape) gilt, dass man es differenziert betrachten muss. Nicht nur, weil "Agape" etwas völlig anderes ist als

---

den, erst recht die vier Evangelien, deren ältestes, das Markusevangelium, vermutlich um 70 nach Christus geschrieben wurde.

„Eros“ oder „Philia“. Sondern auch, weil die Liebe zu den Mitgeschöpfen allgemein von der besonderen Liebe zu den Mitmenschen unterschieden werden muss.[48] Sicherlich ist es geboten, sowohl Menschen als auch nicht-menschliche Geschöpfe in ihrem Status als Geschöpfe Gottes zu achten und gegenüber Tieren und Pflanzen so etwas wie eine **„Ehrfurcht vor dem Leben“** (Albert Schweitzer) zu entwickeln und zu vertreten.[49]

Die Liebe zu den Mitmenschen besagt wiederum schon nach dem neutestamentlichen Zeugnis etwas Anderes, je nachdem, ob sie den „Geschwistern“ (Geschwisterliebe, wobei unter „Geschwistern“ diejenigen Menschen zu verstehen sind, die im Glauben an Gott miteinander verbunden sind), den „Nächsten“ (Nächstenliebe) oder sogar den „Feinden“ (Feindesliebe) gilt. Und noch ein Wesenszug eignet der Liebe in der Gestalt der Nächstenliebe: Sie gilt auch dem Liebenden selbst, denn wer den Nächsten lieben soll „wie sich selbst“, der muss ja auch fähig und in der Lage sein, sich selbst zu

---

48 Immer noch lesenswert zum ganzen Umfang des vielgestaltigen und komplexen Phänomens der irdischen Liebe ist der aus psychoanalytischer Sicht verfasste Bestseller von *Erich Fromm: Die Kunst des Liebens* (1956), 60. Aufl. Frankfurt am Main 2003. Was die Bibel unter „Agape“ versteht, ist eine kleine Teilmenge all dessen, was in diesem Buch als „Liebe“ beschrieben wird.

49 Der Begriff der „Ehrfurcht vor dem Leben“, den Albert Schweitzer (1875–1965) im Kriegsjahr 1915 so wirkungsmächtig geprägt hatte, ist in den letzten Jahrzehnten leider etwas in Vergessenheit geraten. Ich halte ihn immer noch für leistungsfähig. Schweitzer war seiner Zeit denkerisch weit voraus. Auf ihn gehen sowohl wesentliche Einsichten der Ökologiebewegung als auch Impulse für die Entwicklungshilfe – ganz besonders im Blick auf den Kontinent Afrika – zurück.

lieben – und zwar nicht mehr, aber auch nicht weniger als den oder die Nächsten. Innerhalb der einen, großen Dimension „Liebe" gibt es also offenbar mehrere kleine Winkel- oder Binnendimensionen, die den von ihr eröffneten weiten Raum seinerseits zu strukturieren erlauben. Das führt zurück zur (als Analogon gemeinten) kosmologischen Eingangsthese, die wir im Anschluss an Stephen Hawking aufstellen konnten: Auch wenn unser Universum (im Anschluss an Hawking) in Wahrheit aus 10, 11 oder gar 26 Dimensionen bestehen sollte, ist es für unser Leben und Handeln in ihm durchaus hinreichend, von „nur" 3 oder 4 Dimensionen auszugehen.

Für das Leben der Christenmenschen sind jedenfalls diese drei Dimensionen fundamental: Glaube, Hoffnung und Liebe.

3. Was tun wir, wenn wir segnen?

> **„22 Und der HERR redete mit Mose und sprach: 23 Sage Aaron und seinen Söhnen und sprich: So sollt ihr sagen zu den Israeliten, wenn ihr sie segnet: 24 Der HERR segne dich und behüte dich; 25 der HERR lasse sein Angesicht leuchten über dir und sei dir gnädig; 26 der HERR hebe sein Angesicht über dich und gebe dir Frieden. 27 So sollen sie meinen Namen auf die Israeliten legen, dass ich sie segne." (4. Mose 6,22–27)**

Eine der spannendsten und witzigsten Geschichten des sog. „Alten Testaments" erzählt vom Seher Bileam und seiner Eselin (4. Buch Mose, Kapitel 22): Bileam, Sohn des Beor, war ein nicht aus dem Volk Israel stammender, am Euphrat wohnender Prophet. Balak, der König der Moabiter, gibt ihm den Auftrag, er soll dem Volk Israel entgegenziehen und dieses verfluchen. Bileam macht sich auf den Weg, aber ihm stellt sich ein Engel Gottes entgegen und lauert mit einem gezückten Schwert darauf, ihn zu töten, falls er seine Absicht umsetzt. Der Prophet ist in seinem Eifer, die Verfluchung vorzunehmen, blind und erkennt die Gefahr nicht, die ihm droht. Er treibt seine Eselin zur Eile an und schlägt diese sogar. Dem leidenden Tier wird (offenbar von Gott) die Möglichkeit geschenkt, sprechen zu können. Und so warnt die Eselin den Bileam.[50] Dessen Augen werden geöffnet, er erkennt den lebensbedrohlichen Engel und beschließt, das Volk Israel nicht zu verfluchen. Im Gegenteil bleibt ihm nun nichts mehr anderes übrig, als Israel zu segnen.

50 Selbst Eselinnen und Esel sehen also manchmal mehr als Propheten!

Segen und Fluch sind, wie nicht nur diese Geschichte zeigt, in der Bibel ein wichtiges Thema. Sie sind auch ein Gegensatzpaar: Wer andere verflucht, wünscht ihnen Böses und vielleicht sogar den Tod. Wer aber andere segnet, der wünscht ihnen Gutes und will ihr Leben gefördert wissen. In den Gottesdiensten der Christenheit gibt es die Praxis des Segnens, nicht aber die des (Ver-) Fluchens. Was aber tun Christinnen und Christen (und vielleicht auch die Angehörigen anderer Religionen), wenn sie andere Menschen oder Geschöpfe segnen? Was tun wir, wenn wir segnen?

Von Vincent Brümmer stammt das immer noch sehr lesenswerte Buch: „Was tun wir, wenn wir beten?"[51]. In ihm wird eine rationale Rekonstruktion des für viele Religionen und insbesondere auch für das Christentum typische Phänomen des Gebets unternommen. In entfernt ähnlicher Weise (und jedenfalls unter Beachtung der Standards aufgeklärter Rationalität) will ich hier versuchen, eine vernünftige Rekonstruktion desjenigen religiösen Phänomens zu leisten, das mit dem Wort „Segen" bezeichnet wird.[52] Dabei geht es mir um die Frage, was eigentlich geschieht, wenn Menschen (im Auftrag Gottes) an andere Menschen Segen weitergeben wollen – ob im Gottesdienst oder „im Alltag der Welt".

---

51 *Vincent Brümmer*: *Was tun wir, wenn wir beten?* Eine philosophische Untersuchung, Marburg 1985. Vgl. dazu aktuell den Beitrag von *Sibylle Rolf: „Wie können wir heute beten?"*, in: *Werner Zager (Hg.): Liberale Frömmigkeit?*, a.a.O., S. 187–201. Sibylle Rolf bezieht sich in ihrem Aufsatz unter anderem auf Brümmer, aber auch auf Wilfried Härle und Christiane Tietz.

52 In sehr schöner, erbaulicher Weise gibt das Buch von *Fabian Vogt/Christine Lungershausen/Sandra Matz*: *Segen. Eine kleine Gebrauchsanweisung*, Leipzig 2017, einen Einblick in das Segensphänomen.

Wichtig ist zunächst einmal, und daran erinnern nicht nur der eingangs zitierte so genannte „Aaronitische Segen" oder die Geschichte von Bileam: Christinnen und Christen haben den Segen nicht erfunden oder für sich gepachtet. Das Judentum achtet den Segen sehr hoch. Bereits Noah, Abraham, Isaak, Jakob und viele andere Personen der hebräischen Bibel – unseres Alten Testaments – bekommen Gottes Segen zugesagt und geschenkt. Das Volk Israel als Ganzes wird immer wieder von Gott gesegnet. Seine wechselhafte Geschichte ist nach dem biblischen Zeugnis in großen Teilen eine Segensgeschichte.

Aber auch in anderen Religionen, zum Beispiel im Islam, spielt Segen eine wichtige Rolle. Die Segensvorstellung verbindet daher auch unterschiedliche Religionen miteinander.

Sodann ist fundamental klar, und auch dieser Gedanke verbindet die drei monotheistischen Religionen miteinander: **Aller Segen geht von Gott aus.** Und er ist grundsätzlich als Wachstumskraft zu denken, ist also Gottes die ganze Schöpfung durchwaltende Energie, die die Geschöpfe entstehen, bestehen und wachsen lässt.[53] Segen meint hingegen nicht ein unbegrenztes, unkontrolliertes Wachstum, also Wuchern, etwa in dem Sinne, wie Krebszellen wuchern. **Segen ist lebensförderliches Wachstum, das von Gott ausgeht.**

Zwei wohl zu Unrecht Martin Luther (1483–1546) zugeschriebene Zitate lauten: „Wer ein (neugeborenes) Kind gesehen hat, der hat Gott auf frischer Tat ertappt." Und: „Wenn ich wüsste, dass morgen die Welt untergeht, würde ich heute noch ein Apfelbäumchen pflanzen."[54] Beide sprach-

53 Vgl. hierzu auch grundsätzlich *Wilfried Härle: Dogmatik*, a. a. O., S. 301–303.

54 Vgl. den *Artikel „Apfelbaum", in: Das Luther-Lexikon, hg. von Volker Leppin und Gury Schneider-Ludorff*, Regensburg

kräftigen Sätze, vom wem auch immer sie stammen mögen, illustrieren sehr gut das Segensphänomen. Kinder zum Beispiel: Sie sind Segen für ihre Eltern. Oder Bäume und ihre Früchte oder das Korn auf dem Feld, das geerntet wird. Segen ist aber auch, wenn ein Mensch einen anderen Menschen tröstet und dessen Trauer verschwindet. Oder wenn Menschen einander vergeben können, die vorher Feinde waren. Ein großer Segen ist es, wenn ein mutloser Mensch plötzlich neuen Mut findet und in die Zukunft blickt. Das alles ist Segen – und noch viel mehr. Nämlich Gott, der gute Dinge in unserem Leben entstehen lässt.

Viele dieser Beispiele beziehen sich, wie man rasch sieht, auf unsichtbare Dinge: Trost, Vergebung, Mut und Hoffnung. Das zeigt: Segen ist oft so unsichtbar wie die Liebe, der Glauben und Gott selbst. Aber Segen ist auch genauso real wie Liebe und Glauben es sind. Er ist kein Trick, keine Magie, keine Einbildung, sondern Gottes Wachstumskraft im Wirken.

Für das Christentum ist, sodann, der Gedanke wesentlich, dass Gott Menschen Segen schenken will – und er will, dass diese Menschen Segen an andere weitergeben. Wobei das Besondere des Christentums möglicherweise[55] am besten in Jesu Satz deutlich wird: „Segnet, die euch verfluchen; bittet

---

2014, S68f. Der erste sichere Beleg für dieses Diktum stammt demnach aus dem Jahr 1944 – einem Jahr, das für viele Menschen in Deutschland wie ein Endzeit-Jahr wirkte. Für den Satz vom „auf der frischen Tat ertappten Gott“ habe ich leider die Entstehungsgeschichte auch nicht annähernd herausfinden können.

55 Ich will damit nicht ausschließen, dass dies nicht auch ein wichtiger Aspekt für das Judentum oder den Islam sein könnte. Ich möchte nur diese beiden Religionen nicht für die christliche Segensvorstellung „vereinnahmen“.

für die, die euch beleidigen“ (Lukas 6,27).[56] Das ist also der christliche Auftrag im Blick auf Segenshandlungen.

Vier Aspekte sind es dabei, die für den Segen wichtig sind, den Menschen im Auftrag Gottes an andere Menschen weitergeben wollen:

Erstens ist Segen immer ein guter Wunsch für jemanden (eine Person, ein Geschöpf). Ich wünsche dem anderen Menschen oder Geschöpf ein lebensförderliches Wachstum.

Zweitens schließt Segen die Bitte an Gott ein, jemandem (einer Person, einem Geschöpf) etwas Gutes zu tun beziehungsweise widerfahren zu lassen. Ich bitte also Gott, meinen Wunsch für ein lebensförderliches Wachstum zu erfüllen.

Drittens schließt Segen aber auch das feste Vorhaben oder Versprechen des Segnenden ein, dem anderen Jemand Gutes auch wirklich zu gönnen oder sogar zu tun. Also eine Art Selbstverpflichtung des Segnenden: Ich verpflichte mich, der anderen Person oder dem anderen Geschöpf Gutes zu tun oder widerfahren zu lassen.

Viertens schließt Segen auch die Bereitschaft der Person oder des Geschöpfes selbst ein, die sich segnen lässt. Sie muss bereit sein, den Segen aus Gottes Hand zu empfangen.

Wenn diese vier Elemente zusammenkommen (ein guter Wunsch für jemanden, die Bitte an Gott um Erfüllung dieses Wunsches, die Selbstverpflichtung des Segnenden für den zu Segnenden und schließlich dessen Bereitschaft, Segen zu empfangen), dann kann der im Auftrag Gottes weitergegebene

---

56 Gemeint ist damit offenbar nicht: Segnet *nur* die, die euch verfluchen und beleidigen, sondern: Segnet *auch* diese Menschen bzw. segnet sie, *obwohl* sie euch verfluchen und beleidigen.

Segen wirken und sich entfalten. Als ein ganz reales, die Kausalitätskette nicht durchbrechendes und nicht auf bloßer Einbildung beruhendes Geschehen. Also weder als Magie noch als Wunder noch als Illusion oder Taschenspielertrick.

Zusammengefasst: Christinnen und Christen als Menschen, die im Koordinatensystem von Glaube, Hoffnung und Liebe existieren, sind dazu berufen, anderen Menschen Gutes zu wünschen und zu tun (Hebräer 13, 16), also mit ihnen liebevoll umzugehen. Segen ist also ein Ausdruck der Nächstenliebe – im Blick auf Menschen, die uns verfluchen oder beleidigen, sogar ein Ausdruck der Feindesliebe. In jedem Fall also **eine Lebensäußerung, die auf Liebe im Sinne der Agape beruht.** Segen verweist immer auf Gott selbst, auf dem aller Segen beruht, und damit auf die Glaubensdimension der menschlichen Existenz. Da er anderen Menschen Gutes in Gegenwart und Zukunft wünscht, hat Segen auch einen wesentlichen Zeit- und Zukunftsbezug und ist daher mit der Hoffnungsdimension der menschlichen Existenz verbunden. Alle Christenmenschen sind vor diesem Hintergrund dazu berufen, anderen Menschen den Segen weiterzugeben, den sie selbst von Gott empfangen haben. Weil sie ihn aber von Gott empfangen haben und ihn in seinem Namen weitergeben, dürfen sie auch darauf vertrauen, dass dieser Segen wirksam ist und an sein Ziel kommen wird.

4. Jesus aus Sepphoris: Eine Abduktion zum historischen Jesus

> „1 Und er ging von dort weg und kam in seine Vaterstadt, und seine Jünger folgten ihm nach. 2 Und als der Sabbat kam, fing er an zu lehren in der Synagoge. Und viele, die zuhörten, verwunderten sich und sprachen: Woher hat er dies? Und was ist das für eine Weisheit, die ihm gegeben ist? Und solche Taten geschehen durch seine Hände? 3 Ist der nicht der Zimmermann, Marias Sohn und der Bruder des Jakobus und Joses und Judas und Simon? Sind nicht auch seine Schwestern hier bei uns? Und sie ärgerten sich an ihm. 4 Jesus aber sprach zu ihnen: Ein Prophet gilt nirgends weniger als in seinem Vaterland und bei seinen Verwandten und in seinem Hause. 5 Und er konnte dort nicht eine einzige Tat tun, außer dass er wenigen Kranken die Hände auflegte und sie heilte. 6 Und er wunderte sich über ihren Unglauben. Und er zog rings umher in die Dörfer und lehrte." (Markus 6, 1–6)

„Jesus war Jude." Mit diesem schlichten, grundlegenden, eigentlich[57] unbestreitbaren Satz beginnt das Jesus-Buch des Neutestamentlers Herbert Braun.[58] In der Tat: Jesus von

---

57 Es gehört reichlich ideologische Verblendung dazu, Jesus als einen „Arier" sehen zu wollen, dessen leiblicher Vater ein germanischer Söldner aus der römischen Besatzungsarmee gewesen sei. Auch wenn dies so gewesen wäre, so wäre er dennoch als Sohn einer jüdischen Mutter und als Kind der jüdischen Kultur seiner Zeit ein Jude gewesen. Gleichwohl haben „Deutsche Christen" wie Emanuel Hirsch (1888–1972) diese absurde These vertreten.

58 *Herbert Braun*: *Jesus:* Der Mann aus Nazareth und seine Zeit, Stuttgart 3. Aufl. 1972, S. 13.

Nazareth war ein galiläischer Jude seiner Zeit. Er galt unter anderem als ein Wundertäter – darin glich er mindestens vier seiner jüdischen Zeitgenossen, von denen wiederum zwei aus Galiläa stammten.[59] Wir können wenig Gesichertes über sein Leben wissen, das hat die „Leben-Jesu-Forschung“ früherer Jahrhunderte ergeben. Die Tatsache, dass er von den Römern gekreuzigt wurde, ist jedoch unstrittig. Aus jüdischer Sicht stellt sein Tod am Kreuz das letzte Kapitel seiner Biographie dar.[60] Aus christlich-theologischer Sicht ist es dagegen angemessen, über einzelne Ereignisse seines Lebens ebenso wie über das, was nach seinem Tod geschah, zumindest begründete Überlegungen und Vermutungen anzustellen. Eine besondere Kategorie von Vermutungen bildet die so genannte **„Abduktion“**.[61]

Dem Systematiker Wilfried Härle zufolge ist die Wissenschaft Theologie insgesamt von einer kritisch-abduktiven Methodik bestimmt.[62] Dabei wird unter Abduktion im Anschluss an den amerikanischen Philosophen Charles Sanders Peirce (1839–1914) eine bestimmte Form der Hypothesen-

---

59 So mit *David Flusser*: *Jesus*, überarbeitete Neuausgabe, Reinbek bei Hamburg 1999, S. 9, 17, 99.

60 Vgl. *David Flusser*, a. a. O., S. 123–140.

61 Neben der **Deduktion**, die von einer allgemeinen Regel und einem speziellen Fall aus zu zwingenden Schlussfolgerungen hinsichtlich eines Resultats führt, und der **Induktion**, die aus einem speziellen Fall und einem gegebenen Resultat eine mögliche Regel abzuleiten versucht, ist die **Abduktion** die unsicherste, kühnste, aber auch interessanteste Schlussfigur, die wir kennen. Sie versucht, von einem Resultat und einer Regel aus einen ganz bestimmten Fall zu ermitteln. In Kriminalromanen, etwa in den Fällen von Sherlock Holmes, ist die Abduktion eine äußerst beliebte, wenn auch meist nicht namentlich benannte Schlussfigur.

62 *Wilfried Härle: Dogmatik*, a. a. O., S. 8, 22, 28.

bildung verstanden, bei der im Blick auf ein gegebenes, mitunter überraschendes Resultat („Die Straße ist nass") und eine plausible, gesetzesförmige Regel („Immer, wenn es regnet, wird die Straße nass") kühn und keineswegs zwingend auf einen ganz bestimmten Fall („Es hat wahrscheinlich geregnet") geschlossen wird. Die **Abduktionsfigur** in diesem Kapitel lautet entsprechend:

> Resultat 1: Viele der über Jesus von Nazareth in der Bibel erzählten Geschichten erinnern stark an schauspielerische Inszenierungen.
> Resultat 2: In unmittelbarer Nähe zum Ort Nazareth befand sich zu Jesu Jugendzeit die Stadt Sepphoris, die als ihre Attraktion ein großes römisches Theater einschloss.
> Regel: Wenn Jesus in der Nähe von Sepphoris aufwuchs, wird er die Stadt und das Theater gekannt und wohl auch des Öfteren besucht haben. Es ist wahrscheinlich, dass ihn diese Besuche beeindruckt und angeregt haben.
> Fall: Jesus und seine Jünger könnten von den in Sepphoris erlebten schauspielerischen Inszenierungen zu eigenen schauspielerischen Darstellungen inspiriert worden sein.

Jesu Inszenierungen: Drei exemplarische Geschichten aus den Evangelien

Dabei ist zunächst noch einmal einzuräumen: Vieles, was den **historischen Jesus** anbetrifft, lässt sich heute nur noch ansatzweise rekonstruieren. Wir sind in jedem Fall auf Vermutungen und Indizienbeweise angewiesen. Es ist daher gerade in den von der historisch-kritischen Forschung bestimmten Rahmenbedingungen unerlässlich, mit Abduktionen zu arbeiten, wenn wir überhaupt Aussagen über den historischen Jesus treffen wollen. Diese müssen ausgehen von den uns zur Verfügung stehenden Quellen in den vier überlieferten Evangelien. Aus diesen stelle ich drei bekannte Geschichten exemplarisch an den Anfang – ohne zu behaupten, genau so habe es sich abgespielt, genau so habe der historische Jesus gehandelt. Was man indes wird sagen können: So oder so ähnlich hat die Urgemeinde **Jesus in Erinnerung behalten.** Und einige Elemente aus dieser Erinnerungsperspektive mögen historisch sein. Nun zu drei Geschichten, die meines Erachtens für das Wirken Jesu bezeichnend oder typisch sind:

Markus 2, 1–12: Die Heilung eines Gelähmten und die Vollmacht zur Sündenvergebung

„Und nach etlichen Tagen ging er wieder nach Kapernaum; und es wurde bekannt, dass er im Hause war. Und es versammelten sich viele, sodass sie nicht Raum hatten, auch nicht draußen vor der Tür; und er sagte ihnen das Wort. Und es kamen einige, die brachten zu ihm einen Gelähmten, von vieren getragen. Und da sie ihn nicht zu ihm bringen konnten wegen der Menge, deckten sie das Dach auf, wo er war, gruben es auf und ließen das Bett herunter, auf dem der Gelähmte lag. Da nun Jesus ihren Glauben sah, sprach er zu dem Gelähmten: Mein Sohn, deine Sünden sind dir vergeben. Es saßen da aber einige Schriftgelehrte und dachten in ihren Herzen: Wie redet der so? Er lästert Gott! Wer kann Sünden vergeben als Gott allein? Und Jesus erkannte alsbald in seinem Geist, dass sie so bei sich selbst dachten, und sprach zu ihnen: Was denkt ihr solches in euren Herzen? Was ist leichter, zu dem Gelähmten zu sagen: Dir sind deine Sünden vergeben, oder zu sagen: Steh auf, nimm dein Bett und geh hin? Damit ihr aber wisst, dass der Menschensohn Vollmacht hat, Sünden zu vergeben auf Erden – sprach er zu dem Gelähmten: Ich sage dir, steh auf, nimm dein Bett und geh heim! Und er stand auf und nahm sogleich sein Bett und ging hinaus vor aller Augen, sodass sie sich alle entsetzten und Gott priesen und sprachen: Wir haben solches noch nie gesehen."

Markus 11, 1–11: Jesu Einzug in Jerusalem

„Und als sie in die Nähe von Jerusalem kamen, bei Betfage und Betanien am Ölberg, sandte er zwei seiner Jünger und sprach zu ihnen: Geht hin in das Dorf, das vor euch liegt. Und alsbald wenn ihr hineinkommt, werdet ihr ein Füllen angebunden finden, auf dem noch nie ein Mensch gesessen hat; bindet es los und führt es her! Und wenn jemand zu euch sagen wird: Was tut ihr da?, so sprecht: Der Herr bedarf seiner, und er sendet es alsbald wieder her. Und sie gingen hin und fanden das Füllen angebunden an einer Tür draußen am Weg und banden's los. Und einige, die da standen, sprachen zu ihnen: Was tut ihr da, dass ihr das Füllen losbindet? Sie sagten aber zu ihnen, wie ihnen Jesus geboten hatte, und die ließen's zu. Und sie führten das Füllen zu Jesus und legten ihre Kleider darauf, und er setzte sich darauf. Und viele breiteten ihre Kleider auf den Weg, andere aber grüne Zweige, die sie auf den Feldern abgehauen hatten. Und die vorangingen und die nachfolgten, schrien: Hosianna! Gelobt sei, der da kommt in dem Namen des Herrn! Gelobt sei das Reich unseres Vaters David, das da kommt! Hosianna in der Höhe! Und er ging hinein nach Jerusalem in den Tempel und er besah ringsum alles, und spät am Abend ging er hinaus nach Betanien mit den Zwölfen."

Johannes 2, 13–17: Die Tempelreinigung

„Und das Passafest der Juden war nahe, und Jesus zog hinauf nach Jerusalem. Und er fand im Tempel die Händler, die Rinder, Schafe und Tauben verkauften, und die Wechsler, die da saßen. Und er machte eine Geißel aus Stricken und trieb sie alle zum Tempel hinaus samt den Schafen und Rindern und schüttete den Wechslern das Geld aus und stieß die Tische um und sprach zu denen, die die Tauben verkauften: Tragt das weg und macht nicht meines Vaters Haus zum Kaufhaus! Seine Jünger aber dachten daran, dass geschrieben steht (Psalm 69,10): »Der Eifer um dein Haus wird mich fressen.«"

Diesen drei Geschichten – und noch einer ganzen Reihe anderer[63] – ist gemeinsam, dass Jesu Handeln (und oft auch das Handeln der anderen, mit ihm interagierenden Personen) in ihnen jeweils wie eine Inszenierung wirkt. Mögen ihn dabei die Zeichenhandlungen der alttestamentlichen Propheten angeregt haben oder die Aufführungen der Schauspieler in der Stadt Sepphoris: **Jesus agiert in allen drei Geschichten wie ein Schauspieler.** Denn er stellt etwas bzw. jemanden dar. Indem er Kranke heilt und Sünden vergibt, stellt er Gott als den liebevollen Vater dar, zu dem er zugleich ja auch (im „Vaterunser") betet. Er stellt somit Gott dar, spielt als der Sohn die Rolle seines Vaters – und erntet Erstaunen, Entsetzen und auch Ablehnung (bei seinen Gegnern). Der Einzug in Jerusalem auf dem Reittier Esel und die so genannte „Reinigung des Tempels" sind ebenfalls eindrucksvoll inszenierte Akte.[64] Da die Geschichte von der Tempelreinigung von allen vier Evangelisten erzählt wird und zugleich einen äußerst plausiblen Grund für die folgende Verhaftung und Kreuzigung Jesu darstellt, dürfte sie einen historischen Kern

---

63 Exemplarisch: Jesu Antrittspredigt in Nazareth (Lukas 4, 16–30); Jesus als Gast bei Zachäus (Lukas 19, 1–10); die Salbung Jesu in Bethanien (Markus 14,3–9).

64 So etwa *Don Belt*: *„Leben zu Zeiten des Jesu[s]"*, in: National Geographic Deutschland, Collector's Edition No. 21, Hamburg 2014, 30–39. Belt kennzeichnet den Einzug Jesu in Jerusalem auf einem Esel als den Auftritt eines Schauspielers (a.a.O., 35) und verweist ebenfalls auf die möglicherweise große Bedeutung des Theaters von Sepphoris für die Lebensgeschichte Jesu.

haben.[65] Jesus wirkt in beiden Szenen zugleich demütig und vollmächtig. Er handelt, so lässt er erkennen, im Auftrag seines Vaters und stellt diesen dadurch vor den Augen seiner Mitmenschen dar. War Jesus somit ein Schauspieler, vielleicht sogar der Hauptdarsteller in einem von Gott inszenierten eschatologischen Drama?

Sicherlich nicht im Sinne Shakespeares, erst recht nicht im modernen Verständnis – beides wären zweifellos Anachronismen. Aber in einem antiken, vielleicht auch synkretistischen Sinn, nämlich in der Kombination von prophetischen Motiven und schauspielerischen Anregungen aus dem Theater von Sepphoris, halte ich das durchaus für denkbar.

Sepphoris, die Nachbarstadt von Nazareth

Ein wichtiges **Indiz in dieser Argumentationskette** ist dabei die Nähe der Stadt **Sepphoris** zu Nazareth. Nur etwa 6–8 km von Nazareth entfernt stand in Galiläa die Stadt Sepphoris.[66] Carsten Werner Thiede[67] hat diesem Umstand große Bedeu-

---

65 Die von Johannes überlieferte Version der Geschichte ist besonders dramatisch erzählt (Jesus verwendet eine „Geißel", um die Händler zu vertreiben) – das sagt natürlich nichts über ihre Ursprünglichkeit aus, belegt aber, dass gerade das älteste (Markus) und das jüngste Evangelium (Johannes) besondere Affinität zum Medium „Theater" haben.

66 *Werner Dahlheim* nimmt in seinem Buch *„Die Welt zur Zeit Jesu"*, München 3. Aufl. 2014, zwar an, Jesus habe die Stadt Sepphoris gemieden (ebd., S. 62), jedoch schließt er dies lediglich aus der Nicht-Erwähnung dieser Stadt in den Evangelien – ein *argumentum e silentio*. Sollte Jesus aber tatsächlich in Nazareth gelebt haben, dann ist mit einer großen Zahl von Forschern wohl davon auszugehen, dass er auch Sepphoris kannte.

67 *Carsten Werner Thiede*: *Ein Fisch für den Römischen Kaiser*, München 1998, S. 37 ff. *Ders.*: *Jesus und Tiberius*: Zwei Söhne

tung zugemessen. Wegen eines Aufstandes der Bewohner ließ der römische Feldherr Publius Quinctilius Varus (geboren 46/47 vor Christus – gestorben im Jahr 9 nach Christus)[68] die Stadt um 4 vor Christus zerstören. Herodes Antipas veranlasste aber bald darauf ihren Wiederaufbau. In Sepphoris fand man nun vor einigen Jahren bei Ausgrabungen ein römisches Theater, das mit größter Wahrscheinlichkeit zu Jesu Zeit errichtet wurde bzw. bestanden hatte. Es bot Platz für etwa 4.000 bis 5.000 Personen. Vielleicht war Jesus sogar zusammen mit seinem Vater Josef am Wiederaufbau der Stadt und an der Errichtung des Theaters beteiligt gewesen. Denn **das Wort „tekton"**, das Luther mit „Zimmermann" übersetzte und das den Berufsstand Jesu wie auch seines Vaters markierte, meint im eigentlichen Sinne den **Bauhandwerker**, ja, den „Archi-tekten" von Gebäuden. Sicher ist: In unmittelbarer Nähe der Stadt Nazareth befand sich ein römisches Theater, das Jesus mehrfach oder sogar häufig besucht haben könnte.[69] War aber Jesus ein „tekton" in diesem Sinne, dann stammte er auch aus keiner sehr armen Familie, sondern eher aus einer gebildeten Mittelschicht-Familie. Wahrscheinlich war er dreisprachig aufgewachsen (Aramäisch, Hebräisch, Griechisch[70]) und konnte so den klassisch griechischen Thea-

---

Gottes, München 2004, vgl. dort zu Sepphoris S. 100 ff., 135, 143, 195.

68 Es war derselbe Varus, der im Jahr 9 nach Christus mit seiner Armee in der Schlacht im „Teutoburger Wald" dem Germanenführer Arminius unterlag und daraufhin Suizid beging.

69 „Jenseits aller Institutionen blieb unverändert ein Ort, an dem der kleine Mann den Mächtigen zustimmen oder ihnen die Faust zeigen konnte: das Theater und das Stadion" (*Dahlheim, Die Welt zur Zeit Jesu*, a. a. O., S. 269).

70 Auch Jürgen Roloff, der Jesus keinen Bezug zu Sepphoris unterstellen mag, geht von dieser Dreisprachigkeit Jesu aus – zu-

teraufführungen folgen.[71] Carsten Werner Thiede schreibt über den nahe Sepphoris lebenden Jesus zusammenfassend: „Mittelständisch, von Kindheit an geschult in jüdischer Tradition und ihren Sprachen, im Lesen der Heiligen Schrift und im Umgang mit fremden und fremdsprachigen Menschen, Griechen, Römern, Ägyptern, Syrern und anderen, dreisprachig, Bauhandwerker und Theaterbesucher, vertraut mit dem Leben der Armen wie Reichen, eingeführt in Landwirtschaft und städtisches Leben, tritt Jesus nicht als unterqualifizierter Galiläer auf."[72]

Wenn Jesus sich wie ein antiker Schauspieler verhalten haben sollte, so muss man allerdings auch wissen, dass dieser Berufsstand in der römischen Antike wenig geachtet war. Schauspieler waren meist Freigelassene oder gar Sklaven, jedenfalls hatten sie keine hohe Reputation und eine sehr schwache Rechtsstellung. Sie waren machtlose, kleine Leute – so wie Jesus und seine Anhänger in den Evangelien geschildert werden.[73]

Ein letztes, auf den ersten Blick zweischneidiges Argument: Vor allem in den Evangelien wird der Begriff **„hypokrites/hypokritai"** verwendet. Das Wort heißt im klassischen Griechisch in einem neutralen Sinn *„Schauspieler"*. Wenn Jesus, was vor allem im Matthäusevangelium häufig vorkommt, die Pharisäer als „hypokritai" bezeichnet, hat dieses Wort eine negative Konnotation. Die übliche Übersetzung mit *„Heuchler"* mag überzogen sein. Gemeint ist aber sicher:

---

mindest habe dieser Griechisch verstehen können (vgl. *Jürgen Roloff: Jesus*, München 5. Aufl. 2012, S. 55).

71 Diese m.E. höchst plausiblen Vermutungen entfaltet *Thiede, Jesus und Tiberius*, a.a.O., S. 106 ff.

72 *Thiede, Jesus und Tiberius*, a.a.O., S. 110.

73 *Artikel „Theater der römischen Antike"*, in: Wikipedia (abgerufen: 31.12.2018).

Diese Personen stellen aus der Sicht Jesu etwas dar, das sie nicht wirklich sind. Nun mag es sein, dass Matthäus und Lukas, die dieses Wort vorwiegend verwenden – während es im ältesten Evangelium, also bei Markus, nur ein einziges Mal (Markus 7, 6) vorkommt – Jesus hinsichtlich seiner Gegnerschaft zu den Pharisäern überzeichnet haben.[74] Es ist sehr gut denkbar, dass in der frühen religiösen Semantik Jesu und seiner Anhängerinnen und Anhänger das Wort „hypokrites" eine Rolle spielte. Wenn Jesus sich selbst als eine Art Schauspieler verstanden haben sollte, dann aber gewiss als einen solchen, der etwas bzw. jemanden **so darstellte, wie er/es wirklich war.** Er hatte somit – modern gesprochen – einen **korrespondenztheoretischen Wahrheitsbegriff.**[75] Und seine Gegnerschaft zu den Pharisäern – wenn es diese Gegnerschaft

---

74 Tatsächlich spielte die Auseinandersetzung der Christenheit mit den Pharisäern in der Anfangszeit des Christentums noch keine wesentliche Rolle. Erst als die christlichen Gemeinden sich immer mehr von den jüdischen Gemeinden trennten, also zu der Zeit, als Matthäus sein Evangelium verfasste (etwa 70/80 nach Christus), mögen sich die religiösen Differenzen zur feindseligen Gegnerschaft hin gesteigert haben. Zu Jesu Lebzeiten waren die Pharisäer dagegen sicherlich nicht seine Hauptgegner. Eher schon die Sadduzäer, eine reiche, aristokratische Gruppe, die ihren Glauben streng nach den 5 Büchern Mose pflegte und alles, was darüber hinausging, etwa den Glauben an die Auferstehung der Toten, als „Neuerung" ablehnte.

75 Ich habe darin auch immer die große wahrheitskonzeptionale Leistung Rudolf Bultmanns gesehen, dass er gerade nicht dem (verlockenden) Heidegger'schen Modell der Wahrheit als „Unverborgenheit" verfiel, sondern im Kern seiner Theologie ein korrespondenztheoretisches Wahrheitsverständnis bewahrte. Vgl. hierzu *Eberhard Martin Pausch: Wahrheit zwischen Erschlossenheit und Verantwortung*: Die Rezeption und Trans-

denn gab – beruhte demnach darauf, dass sie etwas darstellten, was gerade nicht der Wirklichkeit entsprach.

Ich sehe alle drei hier entfalteten Argumente in ihrem Zusammenspiel und in ihrer sachlichen und semantischen Konvergenz, also: die räumliche Nähe von Nazareth zur Theaterstadt Sepphoris, den Begriff „tekton" (Bauhandwerker) für Jesu erlernten Beruf und den Begriff „hypokrites/hypokritai" (Schauspieler) in der Semantik Jesu. Hieraus scheint mir eine abduktive Plausibilität für die vorgestellte These des schauspielerischen Wirkens Jesu zu erwachsen, die ich im Folgenden weiter entfalten möchte.

Jesus als Schauspieler, sein Leib als Zeichen für Gottes Liebe

Schauspieler waren und sind Künstler, die mit Hilfe von Sprache, Bewegung, Mimik und Gestik, also mit Hilfe ihres Leibes, eine bestimmte Rolle verkörpern. Verbale (Sprache) und non-verbale (Bewegung, Mimik, Gestik) Zeichen sind die Elemente, derer Schauspieler sich bedienen, um etwas oder jemanden darzustellen. Man kann Schauspieler in ihrem Wirken und Handeln somit als **leibhaft-komplexe Zeichensysteme** verstehen.

Alle Zeichen aber beziehen sich auf Referenzobjekte. Welches Referenzobjekt wollte Jesus darstellen bzw. welches stellte er dar?[76] Die Antwort liegt nahe: Jesus wollte

formation der Wahrheitskonzeption Martin Heideggers in der Theologie Rudolf Bultmanns, Berlin/New York 1995.

76 Für Friedrich Schleiermacher war der Begriff des „darstellenden Handelns" bzw. der „Darstellung" überhaupt von zentraler theologischer und soteriologischer Bedeutung. Christiane Braungart hat in einer gründlichen Rekonstruktion gezeigt, dass Schleiermacher diesen Begriff verwendete, um den klassischen

Gott selbst darstellen, den er als den liebevollen Vater der Menschen sah. Was wollte er daher mit seinem Handeln darstellen? Antwort: Gottes väterliche Liebe zu uns Menschen, die Grund aller Hoffnung ist. Die Person Jesu kann daher als ein komplexes Zeichen für Gott verstanden werden. Jesus – ein Zeichen für Gott, Jesu Leib – ein Zeichen für Gottes Liebe.

Offenbar hat Jesus einige Male in seinem Leben öffentlich so gehandelt, als sei er der Sohn Gottes (oder gar Gott selbst) – so haben ihn jedenfalls seine Zeitgenossen wahrgenommen. Wenn er zum Beispiel dem Gelähmten in Kapernaum seine Sünden vergibt (Markus 2, 1–12), dann fragen sich die Umstehenden „Wer kann Sünden vergeben als Gott allein?“ (Markus 2,7), und sie werten den Vorgang, soweit sie ihm feindlich gesinnt sind, als Gotteslästerung. Offenbar hat Jesus *sich in dieser Szene selbst so dargestellt, als sei er selbst Gott bzw. mindestens so eng mit Gott verbunden wie ein Sohn mit seinem Vater.* Vielleicht fragte Jesus sich in bestimmten Situationen seines Lebens: „Was würde Gott dazu sagen?“[77] und inszenierte dann in seinem Leben und Handeln – zweifellos mit Unterstützung seiner Jüngerinnen und Jünger – die Sicht und Handlungsweise Gottes, so, wie er sie sich vorstellte. Wahrscheinlich wirkte Jesu Handeln auch auf einige seiner Zeitgenossinnen und Zeitgenossen (vor allem wohl für seine Gegner und Feinde) wie eine Inszenierung. Mindestens aber wie eine Provokation – die sie ohne Zweifel auch war.

Begriff der Offenbarung in einer sachlich angemessenen und zugleich für seine Zeit verständlichen Sprache wiederzugeben. Vgl. *Christiane Braungart: Mitteilung durch Darstellung: Schleiermachers Verständnis der Heilsvermittlung*, Marburg 1998.

77 So wie zweitausend Jahre später Martin Niemöller sich fragte: „Was würde Jesus dazu sagen?“.

Ich erinnere noch einmal an die besonders charakteristischen Handlungen Jesu, die es nahelegen, dass er sich selbst als ein leibhaft-komplexes Zeichen für Gott, als Repräsentant Gottes bei den Menschen betrachtete. Das sind vor allem folgende Handlungen:

- die gewagte Praxis exemplarischer Sündenvergebung,
- die offenen, egalitären Mahlgemeinschaften, die er begründete,
- die Aufmerksamkeit erregenden Heilungen,
- bestimmte Taten, die als „Naturwunder" empfunden wurden (wie die „Stillung des Seesturms"),
- prophetische Zeichenhandlungen wie die sog. „Tempelreinigung".

Daran gibt es nach dem heutigen Forschungsstand im Übrigen keinen Zweifel: Die Inszenierungen des Jesus von Nazareth erhielten ihren besonderen Ernst dadurch, dass er meinte, die Zeit, in der lebe, sei die Endzeit (Markus 1,15). Seine Naherwartung des Reiches Gottes motivierte ihn zu seinem Handeln.[78] Er führte somit in der von ihm jederzeit anerkannten „Regie" Gottes ein eschatologisches Drama auf, in dem er selbst als Hauptdarsteller die Rolle des Messias oder des Sohnes Gottes spielte. Zusammen mit der Schar seiner Jünger bildete er – so kann man die Hypothese noch zuspitzen – **eine antike Schauspieltruppe,** die zunächst lange durch Galiläa zog und dann beschloss, in Jerusalem zu gastieren.

---

78 Dass diese Naherwartung, die für die frühe Christenheit insgesamt kennzeichnend war, einen Irrtum darstellte und somit sowohl Jesus als auch Paulus als auch viele andere sich an einem wesentlichen Punkt irren konnten, macht die Tragik dieser Personen aus und verbindet sie zugleich mit uns als ihren mindestens ebenso irrtumsfähigen Nachfolgerinnen und Nachfolgern.

Ein Blick auf Wunder und Wunderheilungen Jesu[79]

Nebenbei fällt von der These, Jesus habe sich (und seine Jüngerinnen und Jünger) als Schauspieler verstanden, möglicherweise auch ein neues Licht auf zumindest einige der so genannten Wunder und Wunderheilungen, die das Neue Testament von ihm bezeugt. Viele dieser Taten und Ereignisse, insbesondere die Heilungen, lassen sich nämlich, wenn man nicht unbedingt von der Durchbrechung von Kausalketten ausgehen will, auf mindestens drei bis vier Weisen erklären:

(1) Der für seine Zeit außergewöhnlich gebildete Mensch Jesus von Nazareth hatte unter anderem auch einige medizinische Kenntnisse und verstand sich von daher auf das Heilen. Das ist durchaus denkbar und plausibel.

(2) Nicht alle Krankheiten, mit denen Jesus konfrontiert wurde, waren so gravierend, wie die Menschen damals meinten. So lassen sich plötzliche, unerwartete Heilungen erklären, ohne dabei an das Zerbrechen von Kausalitätsketten denken zu müssen. Auch muss die Tochter des Jairus beispielsweise keineswegs wirklich tot gewesen sein. Jesus selbst sagte ja in diesem Fall bekanntlich zu den Verwandten des Mädchens: „Was lärmt und weint ihr? Das Kind ist nicht gestorben, sondern es schläft." (Markus 5,39)[80]

(3) Manche Heilungen geschahen nach Aussage Jesu selbst und auch nach Meinung der Evangelisten durch den Glauben der Betroffenen (vgl. etwa Lukas 17, 19: „Dein

---

79 Für diese Thematik ist grundsätzlich noch immer grundlegend: *Gerd Theißen: Urchristliche Wundergeschichten:* Ein Beitrag zur formgeschichtlichen Erforschung der synoptischen Evangelien, Gütersloh 1974.

80 Vgl. *Wilfried Härle: „... und hätten ihn gern gefunden": Gott auf der Spur*, Leipzig 2017, S. 262, Anm. 231.

Glaube hat dir geholfen"[81]), also infolge psychosomatischer Kopplungen. Auch das ist sehr gut möglich.

(4) Einige Heilungswunder könnten, sodann, geniale Inszenierungen einer antiken Schauspieltruppe gewesen sein, die zeigen wollte, wie Gott leidenden Menschen liebevoll nahekommt. Hier ist insbesondere an den oben zitierten Text Markus 2, 1–12 zu denken.

Auch alle vier Erklärungen zusammen könnten zutreffen, denn sie schließen einander keineswegs aus. Dadurch würde sich nebenbei auch auf sehr plausible Weise erklären, wieso Jesus ausgerechnet in seiner Vaterstadt Nazareth keine (oder nahezu keine?) „Wunderheilungen" vollbringen konnte (Markus 6, 1–6). Man kannte ihn eben!

Mit einem die Kausalitätskette unterbrechenden, die Naturgesetze außer Kraft setzenden Ereignis müssen wir dagegen niemals rechnen – soweit ist zum Beispiel dem Berliner Philosophen Holm Tetens zuzustimmen.[82] Es hieße, nicht widerspruchsfrei von Gott zu denken, wenn man annähme, dass er die von ihm selbst in Kraft gesetzten, unsere zuverlässige Erkenntnis dieser Welt begründenden Naturgesetze außer Kraft setzen bzw. widerrufen würde. Das gilt auch für das nach allgemeiner Auffassung wohl größte und rätselhafteste aller Wunder: die Auferweckung Jesu Christi von den Toten. Auch sie ist rational erklärbar. Auch in diesem Ereignis

---

81 Laut *Dahlheim*, *Die Welt zur Zeit Jesu*, S. 64 f., ist eine solche Deutung einer Wunderheilung ohne Analogie in der antiken Wundertopik.

82 Tetens zufolge „... muss Gott eine Natur wollen, in der sich keine Wunder ereignen." Denn andernfalls hätten die Menschen keine zuverlässigen Erkenntnisgrundlagen für ihr Planen und Handeln. Vgl. *Holm Tetens*: *Gott denken*: Ein Versuch über rationale Theologie, Stuttgart 2. Aufl. 2015, S. 43.

wie schon im Leben und Sterben Jesu hat wohl Gott selbst Regie geführt. Inwiefern, davon soll in den folgenden beiden Kapiteln die Rede sein.

5. Jesus Christus, der Gekreuzigte: Überlegungen zu einer Christologie der Fürbitte

> „5 Und wenn ihr betet, sollt ihr nicht sein wie die Heuchler, die gern in den Synagogen und an den Straßenecken stehen und beten, um sich vor den Leuten zu zeigen. Wahrlich, ich sage euch: Sie haben ihren Lohn schon gehabt. 6 Wenn du aber betest, so geh in dein Kämmerlein und schließ die Tür zu und bete zu deinem Vater, der im Verborgenen ist; und dein Vater, der in das Verborgene sieht, wird dir's vergelten.
> 7 Und wenn ihr betet, sollt ihr nicht viel plappern wie die Heiden; denn sie meinen, sie werden erhört, wenn sie viele Worte machen. 8 Darum sollt ihr ihnen nicht gleichen. Denn euer Vater weiß, was ihr bedürft, bevor ihr ihn bittet. 9 Darum sollt ihr so beten: Unser Vater im Himmel! Dein Name werde geheiligt. 10 Dein Reich komme. Dein Wille geschehe wie im Himmel so auf Erden. 11 Unser tägliches Brot gib uns heute. 12 Und vergib uns unsere Schuld, wie auch wir vergeben unsern Schuldigern. 13 Und führe uns nicht in Versuchung, sondern erlöse uns von dem Bösen. [Denn dein ist das Reich und die Kraft und die Herrlichkeit in Ewigkeit. Amen.] 14 Denn wenn ihr den Menschen ihre Verfehlungen vergebt, so wird euch euer himmlischer Vater auch vergeben. 15 Wenn ihr aber den Menschen nicht vergebt, so wird euch euer Vater eure Verfehlungen auch nicht vergeben." (Matthäus 6, 5–15)

Christen und Christinnen tragen ihren Namen nach Jesus Christus, der „Sohn Gottes" genannt wird und in der traditionellen trinitarischen Interpretation mit Gott selbst oder jedenfalls einer seiner drei „Personen“ oder „Seinsweisen“ identifiziert wird.[83] Jedoch führt die Identifikation des Menschen Jesus mit Gott dem Schöpfer in zahlreiche semantische und logische Schwierigkeiten, die in der Alten Kirche, vor allem im 4. und 5. Jahrhundert nach Christus, in den trinitarischen und christologischen Auseinandersetzungen bearbeitet und seinerzeit durch die Herausbildung der sog. „altkirchlichen Dogmen“ nicht nur kirchenintern, sondern zugleich reichsrechtlich verbindlich entschieden wurden. Aber überzeugt die seinerzeit gefundene Lösung noch heute? Wer diese Meinung nicht teilt, sollte nicht nur seine Zweifel artikulieren, sondern m. E. auch versuchen, einen tragfähigen Gegenvorschlag zu unterbreiten. Hierzu möchte ich einige Überlegungen zur Diskussion stellen.

Einige semantische und logische Probleme traditioneller Christologie

Die traditionelle Christologie lehrt: Gott und Jesus sind „wesensidentisch“. In Jesus, so sagt man zumeist, sei Gott (oder jedenfalls eine der drei Personen oder Seinsweisen Gottes)

---

83 Die Jesus-Trilogie von *Joseph Ratzinger/Benedikt XVI.: Jesus von Nazareth* (Freiburg/Basel/Wien 2007 ff.) ist auch deshalb beachtlich, weil sie sich selbst als Gesprächsbeitrag und als Ausdruck eines persönlichen Suchens und ausdrücklich nicht als lehramtlichen Akt versteht. Entfaltet wird in diesen Büchern eine klassische ***„Christologie von oben“: In Jesus ist Gott selbst Mensch geworden.*** Die hier vorliegende Studie stellt demgegenüber den Ansatz einer ***„Christologie von unten“*** dar – einer Christologie, die nicht einmal weiß, ob sie je „oben“ ankommen wird, weil die zur Maxime eigenen theologischen Denkens erhobene kritische Rationalität die Erreichung eines solches Zieles erschweren oder gar ausschließen könnte.

„Mensch geworden“.[84] Aber was heißt in diesem Zusammenhang „Wesensidentität“ (Homousie)? Und ist diese Vorstellung nicht letztlich „supranaturalistisch“ und mit unserem modernen Weltbild nicht vereinbar?

Wer in der Alten Kirche die Behauptung einer Identität von Gott und Jesus ablehnte (Arius, geb. um 260 – nach 327 nach Christus), argumentierte häufig wie folgt: Wenn Gott der Schöpfer der Welt ist, dann kann er nicht mit dem Geschöpf Jesus identisch sein. Von der Gegenseite (Athanasius von Alexandrien, um 300–373 nach Christus, sowie Cyrill von Alexandrien, um 375/380–444 nach Christus) wurden ebenso mächtige wie paradoxe Formeln kreiert, etwa die Aussage, Maria sei eine „Gottesgebärerin“, oder Gott selbst habe am Kreuz gelitten und sei gestorben; flankierend wird behauptet, Jesus sei nicht erschaffen, sondern „gezeugt“ worden. Die **Zwei-Naturen-Lehre,** 451 im Konzil von Chalcedon dogmatisiert, stellte einen Kompromiss zwischen den zwei feindlichen theologischen Lagern dar. Der Grundgedanke dieser Lehre war: Jesus Christus sei „wahrer Mensch“ und „wahrer Gott“ zugleich gewesen, seine göttliche und seine menschliche „Natur“ seien unvermischt und unverwandelt, ungetrennt und ungesondert in einer einzigen Person miteinander verbunden. Die **Chalcedon-Formel** beruhigte seinerzeit die Gemüter und trug zur kirchlichen Einheit ebenso wie zur politischen Befriedung bei. Aber löste sie das christologische Problem in der Sache?

Wohl kaum. Und zwar aus den folgenden Gründen:

---

84 „Und das Wort ward Fleisch.“ (Johannes 1,14) ist dafür meist der klassische Beleg. Wegen des Wortes „Fleisch“ (= „sarx“ im Griechischen = „caro“ im Lateinischen) spricht man dann von „Inkarnation“.

Erstens ist es logisch kaum vorstellbar, dass in einem konkreten Menschen, nämlich in der Person des irdischen Jesus, **der ewige Schöpfer und ein zeitliches Geschöpf zur Identität gekommen** sein sollen. (So argumentierte schon Arius, so argumentiert heute noch der Islam im Blick auf das Christentum.)

Zweitens ist **der Begriff „Natur" in diesem Zusammenhang problematisch.** „Natur" meint ja immer etwas Geschaffenes, und so kann es eigentlich keine „göttliche Natur" geben (ein Argument, das auf Friedrich Schleiermacher zurückgeht).

Drittens wird **der Begriff „Person" in mindestens dreifacher Weise äquivok** verwendet, wenn er (a) einerseits die Person Jesu Christi als Verbindung der zwei Naturen meint, (b) andererseits aber einen der drei wesentlichen Aspekte (Personen/Seinsweisen/Hypostasen) Gottes (Gott der Schöpfer, der Sohn und der Heilige Geist) und schließlich (c) auch noch jede menschliche Person in ihrer von Gott gerade unterschiedenen personalen Einheit bezeichnen soll. Ein mindestens dreifach äquivoker Begriff ist nicht nur nicht hilfreich, sondern vielmehr ausgesprochen problematisch.

Allerdings ist der durch Chalcedon gegebene formale Hinweis weiterführend, dass das christologische Problem nur durch die überzeugende Explikation der Beziehung (Relation) zwischen Gott und Mensch gelöst werden kann, so aber auch gelöst werden muss. Dass mithin das christologische Problem **nicht substanzontologisch, sondern relationsontologisch** bearbeitet werden muss. Das ist freilich eine Einsicht, hinter die das Konzil mit seinen eigenen Begrifflichkeiten aber sogleich wieder zurückfällt, was sich exemplarisch an der Verwendung der zentralen Begriffe *„physis" (Natur)* und *„hypostasis" (Seinsweise)* zeigt.

Ich belasse es bei diesen Andeutungen zu einigen semantischen und logischen Problem der traditionellen, klassischen Christologie. Klar ist, dass diese Probleme sich nicht dadurch lösen lassen, dass man postuliert, die trinitarischen und christologischen Dogmen der Alten Kirche seien nicht hinterfragbare Voraussetzungen für aktuelles theologisches Denken. Wer das tut, der bedarf zur Abstützung seines Denkgebäudes entweder eines Unfehlbarkeitsdogmas wie die römisch-katholische Kirche, oder aber er/sie landet in den Sackgassen der „neuen Orthodoxie" (Paul Tillich) oder des „Offenbarungspositivismus" (Dietrich Bonhoeffer). Beides dient nicht der Anschlussfähigkeit theologischen Denkens an die Standards und Einsichten der Aufklärung.

Friedrich Schleiermachers Platzierung der Trinitätslehre an das Ende seiner Glaubenslehre und ihre Kennzeichnung als ein „bloß verknüpfender Satz" wirkt demgegenüber sehr viel bescheidener und redlicher, kann aber die aufgeworfenen Probleme auch nicht in vollem Umfang lösen. Ich gehe daher zunächst noch einmal einen Schritt zurück zu den theologie- und dogmengeschichtlichen Anfängen.

Drei Prinzipien der Dogmenbildung

Dabei scheint es seit der Zeit der Alten Kirche drei implizite Prinzipien der Dogmenbildung[85] zu geben, die in jeder denkbaren Christologie berücksichtigt werden müssen:

- **das Prinzip der Schriftfundiertheit,**
- **das Prinzip der logischen Widerspruchsfreiheit**
- **und das Prinzip der soteriologischen Suffizienz.**

85 Dogmenbildung und Bekenntnisbildung sind aus evangelischer Sicht Synonyma, denn Dogmen sind ihrem Wesen nach ja nichts Anderes als Bekenntnisse der Kirche.

Damit ist gemeint: Jede mögliche Christologie muss sich erstens auf die Bibel als das entscheidende Ursprungs- und Orientierungsdokument des christlichen Glaubens beziehen. Wer Jesus war und worin seine Botschaft besteht, das lässt sich nur im Blick auf die in ihr enthaltenen ursprungsnahen Quellen ermitteln – ohne dass damit behauptet würde, diese Quellen stellten uns Jesus so vor Augen, „wie er wirklich war". Das tun sie natürlich keineswegs, denn sie sind nachträgliche, perspektivische und auch parteiische Glaubenszeugnisse. Deshalb müssen sie historisch-kritisch ausgelegt werden. (Schriftfundiertheit)

Jede nur denkbare Christologie muss sich, sodann, auf ein logisch widerspruchsfreies Modell abbilden lassen. Denn denken und verstehen können wir nur auf der Grundlage des Satzes vom Widerspruch.[86] (Widerspruchsfreiheit)

Schließlich muss jede mögliche Christologie zum adäquaten Ausdruck bringen können, wie das von Gott geschenkte

86 *Holm Tetens*: *Philosophisches Argumentieren*: Eine Einführung, München 4. Aufl. 2014, S. 232–234. Die basale Forderung der Widerspruchsfreiheit gilt freilich nicht nur der Philosophie, sondern verbindet alle Wissenschaften miteinander. Es ist aus meiner Sicht das Hauptproblem, ja, der grundlegende Schaden der Barth'schen Theologie, dass sie für sich programmatisch in Anspruch nimmt, die Theologie dürfe den Satz von der Widerspruchsfreiheit verletzen, vgl. *Karl Barth: Die Kirchliche Dogmatik*, Erster Band: Die Lehre vom Wort Gottes: Prolegomena zur Kirchlichen Dogmatik [1932], Zürich 12. Aufl. 1989, S. 7. Ich bin dagegen der festen Überzeugung, dass es von Anfang an das Anliegen der christlichen Theologie war, die dreidimensionale Existenz der Christenmenschen mit der jedem Menschen zugänglichen, auf widerspruchsfreiem Denken beruhenden Vernunft in Einklang zu bringen. Eben das war der Sinn der „Logostheologie".

Heil durch Jesus Christus vermittelt werden kann und auch tatsächlich vermittelt wird. (soteriologische Suffizienz)

Auf der methodischen Grundlage dieser drei Prinzipien lasse ich mich im Folgenden vom Lukasevangelium anregen und versuche, von ihm her einen Zugang zur Christologie zu finden. Die These dabei ist: Lukas zeichnet in diesem Evangelium die Entstehung des christlichen Glaubens und der ihm entsprechenden Gemeinschaft als eine Geschichte von Gebet und Gebetserfüllung nach. Jesus der Christus wird demnach wesentlich als ein Betender verstanden, und das Heil kommt durch die Gebete Jesu und der mit ihm verbundenen Menschen in die Welt. Bei Lukas zeigt sich überall die wirksame Spur des Gebets im Leben der Menschen. Dessen Macht aber steht jederzeit im klaren Kontrast zur weltlichen, waffenbewerten Macht des römischen Imperiums, die durch die Erwähnung des römischen Kaisers Augustus (Lukas 2,1) als Hintergrund und Kontrastfolie des Heilsgeschehens manifest wird.

Beobachtungen zur Christologie des lukanischen Doppelwerks[87]

Im Lukasevangelium ist unter anderem in folgenden Kontexten vom Gebet die Rede: Das Evangelium beginnt in Lukas 1,13 mit einem in Erfüllung gehenden Gebet des Zacharias; dessen Kinderwunsch wird ja durch die Geburt des Johannes erfüllt. Jesus selbst schärft seinen Anhängern ein, dass man nur Gott und niemanden sonst anbeten dürfe (Lukas 4, 5–8). So wird der christliche Glaube in Anknüpfung an das jü-

87 Als „lukanisches Doppelwerk“ bezeichnet man das Lukas-Evangelium und die Apostelgeschichte. Beide Bücher stammen auch nach dem Stand der heutigen Erkenntnis vom selben Autor, der in der Alten Kirche „Lukas“ genannt wurde.

dische Gottesverständnis (5. Mose, 6, 4 f.) monotheistisch verankert. Das Gebet wird von Lukas als alltägliche Praxis des Glaubens Jesu (Lukas 5, 16) gekennzeichnet. Es ist nur konsequent, dass Jesus erst recht vor wichtigen Entscheidungen, etwa der Berufung der Zwölf, betet (Lukas 6, 12). Das Speisungswunder (Lukas 9, 16) zeigt exemplarisch: Das Gebet wirkt Wunder. Das Gebet verwandelt aber auch den Beter selbst, wie dies Jesus in der sog. „Verklärung“ widerfährt (Lukas 9, 28). Wie für Matthäus, so ist auch für Lukas das Vaterunser das Paradigma des Gebets (Lukas 11,1–4). Die Mitte dieses Gebets ist die Bitte um Sündenvergebung: „Vergib uns unsre Sünden; denn auch wir vergeben allen, die an uns schuldig werden …“. Eindringlich wird sodann die Macht des Gebets geschildert: Wer bittet, der empfängt, so wie demjenigen die Tür geöffnet wird, der anklopft (Lukas 11, 9–13). Das Gleichnis von der bittenden Witwe (oder vom ungerechten Richter, wie es ebenfalls oft heißt) zeigt, dass Menschen dann erhört werden, wenn sie konsequent und beharrlich beten (Lukas 18, 1–8). Jesus selbst betet sodann für Petrus, dass sein Glaube nicht aufhören möge (Lukas 22, 31 f.) – sowohl das Evangelium als auch die Apostelgeschichte zeigen die Glaubenskrise des Petrus ebenso wie die Überwindung dieser Krise. Dieses Gebet Jesu wird somit, wie die Leserinnen und Leser sehen, in Erfüllung gehen.

Jesu Gebet in Gethsemane (Lukas 22, 40–42) stellt sich selbst unter den Vorbehalt des Willens Gottes: „… doch nicht mein, sondern dein Wille geschehe!“ Schließlich ist an das das Gebet des sterbenden Jesus am Kreuz (Lukas 23, 34) zu erinnern: Hier betet Jesus für seine Peiniger und Feinde: „Vater, vergib ihnen; denn sie wissen nicht, was sie tun!“. Er bittet Gott, seinen Todfeinden die Sünden zu vergeben. Denkt man an das Vaterunser, so erbittet Jesus von Gott nichts Geringeres als die Vergebung aller Sünden – der eigenen wie der fremden. Nach dem erzählerischen Duktus des Lukasevangeliums muss Gott so gedacht werden, dass er (auch) dieses Gebet Jesu erhören wird.

Das heißt aber: **Die Sündenvergebung geschieht nach Lukas (zumindest auch) als Beantwortung und Erfüllung von Gebeten.** Mit den Worten von Gerd Theißen entfaltet das Lukasevangelium eine „'narrative' Theologie der Sündenvergebung – ohne Sühnetheologie"[88]. Der Sühnegedanke ist schon von daher, auch wenn er an anderen Stellen der Bibel eine Rolle spielen mag, in deren Schriften weder allgegenwärtig noch unverzichtbar. Er ist aber keineswegs, wie Richard Dawkins behauptet, „die zentrale Doktrin des Christentums"[89].

Und in der Begrifflichkeit der klassischen Dogmatik gesprochen wird das „hohepriesterliche Amt" Jesu (officium sacerdotale) nach diesem Evangelium nicht durch die stellvertretende Genugtuung oder **„Satisfactio"** (klassisch entfaltet im bekannten historischen Modell des Anselm von Canterbury)[90], sondern durch die sog. **„Intercessio"** (also die Gebetsbitte und hier insbesondere die Fürbitte Jesu als wesentliches Element seiner Gebete) wahrgenommen. Vergebung der Sünden – mit anderen Worten: die Rechtfertigung der Sünderinnen und Sünder – geschieht durch das Gebet Jesu und die Gebete anderer Glaubender sowie die entsprechenden Erfüllungen der Gebetsbitten durch Gott. Das Bild von der

---

88 *Gerd Theißen*: *Das Neue Testament*, München 5. Aufl. 2015, S. 78.

89 *Richard Dawkins*: *Der Gotteswahn*, a. a. O., S. 350.

90 Auf dem satisfactio-Gedanken beruht jedes Verständnis Jesu und der Erlösung durch Gott, bei denen Interpretamente wie „Blut", „Opfer" und dgl. eine tragende Rolle spielen. Eines der neueren Beispiele für einen solchen Zugang zur Botschaft des Evangeliums bietet sicherlich Mel Gibsons Jesusfilm aus dem Jahr 2004.

zentralen Rolle des Gebets für Lukas wird abgerundet durch Lukas 24, 52 (Gebet der Jünger zum Erhöhten, der soeben in den Himmel aufgefahren ist, also nach antiker mythologischer Vorstellung vergöttlicht wurde) sowie Apg. 1, 14 und 2, 42 – zwei Belege aus der Apostelgeschichte, welche die große Bedeutung des Gebets für die alltägliche Lebenspraxis der Urgemeinde hervorheben.

Zwischenüberlegung zu Rechtfertigung und Allversöhnung

Nimmt man die lukanische Gebetschristologie systematisch näher in den Blick, so kann man von ihr ohne Zweifel sagen: Diese Christologie beruht auf einem wichtigen Text des Neuen Testaments. Sie ist ferner logisch konsistent: So kann Christus gedacht werden, so sind Sündenvergebung und Erlösung nicht nur widerspruchsfrei, sondern auch in nichtsupranaturalistischer Weise vorstellbar. Auch reflektiert die Christologie des Gebets und der Fürbitte die Art und Weise, wie das Heil zu Stande kommt, nämlich als Erfüllung der im Gebet (und im Vaterunser) enthaltenen Bitte um Vergebung der Sünden. Die oben genannten Prinzipien der Schriftgemäßheit (1), der Widerspruchsfreiheit (2) und der soteriologischen Suffizienz (3) sind somit offenbar erfüllt.

Ebenfalls ist die durch die Chalcedon-Formel gestellte Aufgabe lösbar geworden, denn im Kern der lukanischen Christologie wird eine denkbare Relation von Mensch und Gott in den Blick genommen. Das Gebet ist ja Ausdruck einer Beziehung zwischen Mensch und Gott, in welcher der Mensch Gott als Gott anspricht und sich selbst als Mensch ansprechen lässt. Das Gebet identifiziert den Menschen als Menschen vor Gott. Und das besondere Gebet um die Vergebung der Sünden bewirkt eben diese Vergebung, wenn und weil Gott dieses Gebet erhört bzw. erfüllt. Das Gebet als

Relation zwischen Mensch und Gott macht somit das Heil möglich – wenn und weil Gott selbst den Menschen Heil schenken will und ihre (Bitt-) Gebete hört, ernstnimmt und erfüllt, sofern dies mit seinem Willen übereinstimmt.

Vielleicht kann man kann diese Überlegung sogar in die Eschatologie hinein verlängern: Was bewirkt das Gebet von Glaubenden hinsichtlich der **Allversöhnung** bzw. der **„Wiederbringung aller“** (vgl. Apg. 3, 21)? Wäre die Allversöhnung das Resultat erfüllter Gebete von Glaubenden, dann stellte sie kein gedankliches Konstrukt spekulativer Schreibstuben dar, sondern eine **praktische Implikation theologischen Denkens,** die sich aus dem rechten, nämlich am Leiden der Sünder und Sünderinnen Anteil nehmenden Beten ergeben kann. Ähnlich argumentiert an diesem Punkt Schleiermacher: Es würde die Freude der Erlösten gewiss trüben, wenn sie wüssten, dass es auf ewig Unerlöste gibt. Um noch einen biblisch-exegetischen Bezugspunkt außerhalb des lukanischen Doppelwerkes zu nennen, so kann auf den wichtigsten paulinischen Beleg für die Allversöhnungslehre verwiesen werden: Es ist kein Zufall, dass sich an den klassischen paulinischen Beleg für die Allversöhnung (Römer 11, 32) unmittelbar eine der schönsten Doxologien des Römerbriefes anschließt (Römer 11, 33–36):

> „32 Denn Gott hat alle eingeschlossen in den Ungehorsam, ***damit er sich aller erbarme [Hervorhebung des Verfassers].***
> 33 O welch eine Tiefe des Reichtums, beides, der Weisheit und der Erkenntnis Gottes! Wie unbegreiflich sind seine Gerichte und unerforschlich seine Wege! 34 Denn »wer hat des Herrn Sinn erkannt, oder wer ist sein Ratgeber gewesen«? (Jesaja 40,13) 35 Oder »wer hat ihm etwas zuvor gegeben, dass Gott es ihm zurückgeben müsste?« (Hiob 41,3) 36 Denn von ihm und durch ihn und zu ihm sind alle Dinge. Ihm sei Ehre in Ewigkeit! Amen.“ (Römer 11,32–36)

Der mögliche Beitrag des Lukasevangeliums zu einer rationalen Christologie

Worauf laufen die vorgestellten Überlegungen hinaus? Sicherlich wird mit der auf Lukas basierenden Christologie und der auf dem Gedanken der Fürbitte beruhenden Soteriologie nicht die ganze Breite der in der Bibel und in der Kirchen- und Theologiegeschichte vertretenen christologischen und soteriologischen Motive aufgenommen. Ganz bewusst wird hier vielmehr eine Auswahl und Fokussierung vorgeschlagen.[91] Das Lukasevangelium bietet wie viele andere Bibeltexte auch anregendes Material, das Impulse zur Formulierung eigener theologischer Modelle gibt. Auf dieser Grundlage wird hier ein christologischer Ansatz präsentiert, der nicht mehr und

91 Nicht einmal die systematisch-theologischen Gesichtspunkte, die das Lukasevangelium selbst anbietet, werden hier erschöpfend behandelt. Ganz beachtlich ist neben der lukanischen Gebetschristologie aber vor allem seine Darstellung des Wirkens Gottes durch den Heiligen Geist. Eine leistungsfähige und kohärente Pneumatologie wird gut daran tun, sich auf die im lukanischen Doppelwerk enthaltenen Hinweise zur Theologie des Heiligen Geistes zu beziehen. Der Geist nämlich ist es, der Maria ergreift (Lk 1, 35) und Elisabeth sowie Zacharias erfüllt (Lk 1, 41+ 67). Er fährt auf Jesus herab bei dessen Taufe (Lk 3, 22) und erfüllt ihn (Lk 4, 1), ja, ruht auf ihm und in ihm (Lk 4, 18). So erhält Jesus die Macht, seinen Auftrag zu erfüllen. Als Jesus stirbt, befiehlt er seinen Geist (to pneuma mou) in die Hände seines Vaters und stirbt, indem er seinen Geist aushaucht (exepneusen); vgl. Lk 23, 46. Ich muss es bei diesen Andeutungen belassen. Welche Rolle der Heilige Geist später noch in der Apostelgeschichte spielen wird (vgl. z. B. Apg 8, 39), kann jeder interessierte Leser selbst leicht entdecken. Immer aber ist klar: Der Geist ist Handlungssubjekt, durch ihn handelt Gott in der Geschichte.

nicht weniger sein will als ein **Konstruktionsplan**. Die Hoffnung ist, gleichsam „auf der Spur des Gebetes" zum Gebäude einer rationalen Christologie vorzudringen, die frei ist von supranaturalistischen Vorstellungen und mythologischen Relikten, welche sich auch noch in manchen theologischen Entwürfen der Gegenwart finden.

Rational heißt hier aber *nicht: rationalistisch* – dies wäre vielmehr eine Verkürzung der Rationalität. Um es an einem Beispiel deutlich zu machen: Wenn von einem Wandeln Jesu auf dem See Genezareth geredet wird, dann ist dies nicht so zu interpretieren, dass Jesus etwa die Kunst des „Wassertretens" erlernt und beherrscht hätte. Eine solche Sicht, wie sie etwa in der aufgeklärten Theologie des späten 18. Jahrhunderts vertreten wurde, verfehlt das Anliegen der biblischen Wundergeschichte deutlich. Es handelt sich vielmehr um eine Symbolgeschichte, die unter anderem einer existenzialen Deutung (im Sinne der Bultmann'schen Hermeneutik) offensteht – ohne damit behaupten zum wollen, *nur* eine solche Deutung erschöpfe den Sinn- und Bedeutungsgehalt des Textes.

Im Kern der angezielten rationalen Christologie steht die Relation zwischen Mensch und Gott, die sich urbildlich im Gebet Jesu aktualisiert, dessen klassisches Muster das Vaterunser ist. Die im Vaterunser enthaltene Bitte um die Vergebung der Sünden, die von Jesus am Kreuz aufgenommen und auf seine Peiniger und Widersacher übertragen wurde, und die Erfüllung dieser Bitte durch Gott selbst ermöglicht das Heil. Durch das Gebet Jesu, die Gebete der Glaubenden und die Beantwortung und Erfüllung der Gebete durch Gott geschieht somit Vergebung der Sünden. Jesus ist nach diesem Modell nicht identisch mit Gott, sondern der irdische (also nicht: der erhöhte) Jesus war ein Mensch wie wir alle. Freilich ein liebevoller, ein durch und durch von der Liebe bestimmter

Mensch und insofern, da Gottes Wesen die Liebe[92] ist, Ebenbild Gottes.[93]

Indem Gott dem gekreuzigten Jesus seinen letzten Wunsch – nämlich die Bitte um Vergebung der Sünden seiner Feinde – erfüllte, manifestierte sich göttliches Heil (Paul Tillich würde sagen: fragmentarisch, aber unzweideutig) mitten in dieser unheilen Welt.[94] Dadurch, dass Jesus seine Jünger und durch diese

---

92 Vgl. hierzu ausführlich *Wilfried Härle, Dogmatik,* a.a.O., S. 234–245.

93 Eine höchst missverständliche, aber weit verbreitete Semantik spiegelt sich in dem Satz: *„Jesus liebt dich"*, der gerne in besonders frommen, evangelikalen Kreisen verwendet wird – mitunter auch in der Hoffnung, Menschen zu bekehren. Nun könnte man versucht sein, diese Redeweise vollkommen abzulehnen. Sie scheint ja nur Sinn zu ergeben auf der Grundlage der Annahme einer (sehr schlicht gedachten) Identität von Gott und Jesus. So strikt muss man den Satz aber nicht interpretieren. Ich neige dazu, in ihm eine *verkürzte Redeweise* zu sehen. Der Satz müsste dann wie folgt verstanden werden: (1) Prämisse I: Gott ist in seinem Wesen Liebe. (2) Conclusio I: Gott liebt daher jeden Menschen. (3) Conclusio II: Deshalb liebt Gott auch die Person x. (4) Prämisse II: Dass Gott die Liebe ist und daher auch die Person x liebt, kann aus der Lebensgeschichte und Botschaft des Menschen Jesus erkannt werden. (5) Conclusio III: Daher besteht ein wesentlicher relationaler Zusammenhang zwischen Gott, Jesus und der Person x hinsichtlich des Liebesverhältnisses Gottes zur Person x. (6) Conclusio IV: Dieser relationale Zusammenhang kann in die *Kurzformel* gefasst werden: „Jesus liebt die Person x". *(7) Conclusio V: Die Kurzformel „Jesus liebt die Person x" ist also äquivalent mit der Aussage: „Aus der Lebensgeschichte und Botschaft Jesu lässt sich erkennen, dass Gott in seinem Wesen Liebe ist, alle Menschen und also auch die Person x liebt."*

94 Es liegt auf der Hand, dass der christlich-jüdische oder auch der christlich-muslimische Dialog von einer solchen Sicht Jesu aus

die Kirche lehrte, zu Gott als dem Vater zu beten, ist es für alle Menschen möglich geworden, in die gleiche Beziehung der Kindschaft zu Gott zu treten, in der Jesus existierte. Ich zweifle nicht an dieser inklusiven Absicht des Vaterunsers, weil sie sich schon aus dem Wortlaut dieses Gebetes selbst ergibt. Wenn Helmut Schmidt zu Recht fragte: „Wenn Jesus der Sohn Gottes war, wieso dann nicht auch alle übrigen Menschen?“[95], kann ihm vom Vaterunser her eine klare Antwort gegeben werden: **Alle Menschen können Kinder Gottes sein, wenn sie sich wie Jesus selbst auf der Spur des Gebetes für die Liebe Gottes öffnen.**

Die enge und urbildliche Beziehung zwischen Mensch und Gott, deren deutlichste Ausdrucksform nach Lukas das Gebet ist, wird in anderer religiöser Semantik auch als **„Glaube“** bezeichnet.[96] Daher **konvergiert die hier vorgeschlagene**

---

bestimmte Impulse erhalten könnten. Denn der steile Gedanke, dass Jesus mit Gott identisch sei, wird hier nicht vertreten. Freilich muss gegenüber dem Islam die historische Tatsache der Kreuzigung Jesu festgehalten werden, und gegenüber beiden Geschwisterreligionen wird man die urbildliche Funktion des wahren Menschen Jesus ebenso wie seine Heilsrelevanz behaupten müssen. Das „Alleinstellungsmerkmal“ des Christentums bleibt in jedem Fall die Lehre von der Rechtfertigung der Sünderinnen und Sünder allein aus Gottes Gnade.

95 *Helmut Schmidt*: *Religion in der Verantwortung*, a. a. O., S. 14.- Ich füge an dieser Stelle hinzu, dass ich mich auf die Person Helmut Schmidt beziehe, da er exemplarisch für gebildete Menschen der Gegenwart steht, die christlich sozialisiert sind, aber aufgrund ihrer skeptisch-aufgeklärten Vernunft der christlichen Religion kritisch und fragend gegenüberstehen. Das müssen dann noch nicht die „Gebildeten unter den Verächtern“ der Religion sein, die Friedrich Schleiermacher vor Augen hatte, aber sehr wohl die Gebildeten unter den Zweifelnden und Suchenden.

96 „Fromm sein und beten, das ist eigentlich eins und dasselbige“. Wilfried Härle zeigt sich von diesem Satz Friedrich Schleier-

Deutung mit der paulinischen Aussage, der Glaube allein mache Menschen vor Gott gerecht.[97] Und das großartige österliche Bild von der Auferweckung Jesu symbolisiert vor diesem Hintergrund Gottes sogar die den Tod überwindende Zuwendung zu Jesus und so auch zu all denen, die mit ihm als Glaubende verbunden sind. Handelt es sich dabei aber nur um ein Bild, um ein „bloßes Symbol" ohne jeden Realitätsgehalt? Paul Tillichs bekannte Symboltheorie spricht den religiösen Symbolen allerdings einen erheblichen Realitätsgehalt zu. Wer jedoch nicht mit Tillichs idealistischer, von Schelling inspirierter Ontologie, sondern mit den begrifflichen Mitteln der modernen Semiotik operiert, muss einen anderen Begründungsweg gehen als dieser. Dazu Näheres im folgenden Kapitel.

---

machers im Einklang mit den obigen Ausführungen zu Recht fasziniert. Vgl. *Härle: „… und hätten ihn gern gefunden": Gott auf der Spur*, a. a. O., S. 191–193.

97 Konvergenz bedeutet natürlich *nicht:* Identität. Es wäre zu kurz gegriffen, zu behaupten, die neutestamentlichen Texte (oder gar alle biblischen Texte) ließen sich in einer einzigen, widerspruchsfreien neutestamentlichen oder biblischen Theologie zusammenfassen. Das ist vielmehr nicht der Fall. Die Bibel enthält sehr unterschiedliche „Theologien", man muss schon innerhalb der Bibel von einer **Pluralität der Theologien** ausgehen. Das ist aber kein Mangel, sondern ein Reichtum, an dem eine Theologie nach der Aufklärung, also eine „liberale Theologie", sich erfreuen kann, ohne erschüttert zu werden. Es kommt vielmehr darauf an, mit der Vielfalt und Fülle der Bibel (im Anschluss an Gerd Theißen) *kritisch, selektiv, kombinatorisch, approximativ, interpretativ und kreativ* umzugehen.

6. Jesus Christus, der Auferweckte: Überlegungen zum Leib Christi in semiotischer Perspektive

> „1 Und als der Sabbat vergangen war, kauften Maria Magdalena und Maria, die Mutter des Jakobus, und Salome wohlriechende Öle, um hinzugehen und ihn zu salben. 2 Und sie kamen zum Grab am ersten Tag der Woche, sehr früh, als die Sonne aufging. 3 Und sie sprachen untereinander: Wer wälzt uns den Stein von des Grabes Tür? 4 Und sie sahen hin und wurden gewahr, dass der Stein weggewälzt war; denn er war sehr groß. 5 Und sie gingen hinein in das Grab und sahen einen Jüngling zur rechten Hand sitzen, der hatte ein langes weißes Gewand an, und sie entsetzten sich. 6 Er aber sprach zu ihnen: Entsetzt euch nicht! Ihr sucht Jesus von Nazareth, den Gekreuzigten. Er ist auferstanden, er ist nicht hier. Siehe da die Stätte, wo sie ihn hinlegten. 7 Geht aber hin und sagt seinen Jüngern und Petrus, dass er vor euch hingeht nach Galiläa; da werdet ihr ihn sehen, wie er euch gesagt hat. 8 Und sie gingen hinaus und flohen von dem Grab; denn Zittern und Entsetzen hatte sie ergriffen. Und sie sagten niemand etwas; denn sie fürchteten sich." (Markus 16, 1–8)

Konsens der heutigen neutestamentlichen Forschung ist: Der historische Jesus von Nazareth wurde etwa im Jahr 30 nach Christus auf Befehl des römischen Statthalters Pontius Pilatus am Kreuz hingerichtet. Er starb einen qualvollen Tod durch Atem- und Herzstillstand.[98] Joseph von Arimathäa, ein vor-

98 Vgl. *Frank Thadeusz: „Mordsache Jesus Christus"*, in: *Annette Großbongardt/Dietmar Pieper (Hg.): Jesus von Nazareth und die Anfänge des Christentums*, München 2013, dort S. 130–134.

nehmer Ratsherr, soll dann, so erzählen die vier neutestamentlichen Evangelien, zu Pilatus gegangen und von diesem Jesu Leichnam erbeten haben, um ihn zu bestatten (Markus 15, 43; Lukas 23, 52; Matthäus 27, 58; Johannes 19, 38). In allen Evangelien wird in diesem Zusammenhang der Begriff „Leib Jesu" (to soma tou Iesou) verwendet. Gemeint ist an dieser Stelle der Körper der verstorbenen Person.

Allerdings meint der Begriff **„soma" im Neuen Testament** in erster Linie und in aller Regel den lebendigen Leib, ***die ganze Person eines Menschen***, den Menschen in seiner Vitalität und in seinem potentiellen und aktualen Selbstverhältnis.[99] Wenn aber im Neuen Testament vom „Leib Jesu / Christi" die Rede ist, dann sind damit an anderer Stelle noch mindestens zwei weitere Phänomene gemeint:

- ***das Brot, das Jesus im Mahl mit seinen Jüngern teilt*** („touto estin to soma mou", Markus 14, 22 par.),
- ***die Gemeinde bzw. die Kirche als „Leib Christi"*** (1. Korinther 12, 27).

Der Begriff „Leib Jesu" (to soma Iesou) hat daher im NT mindestens vier Bedeutungen (die lebendige Person Jesus, der Leichnam dieser Person, das Brot im Abendmahlsgeschehen, die christliche Gemeinde) und ist damit *scheinbar* äquivok. Ist er aber *wirklich* äquivok? Oder lässt er sich auf eine gehaltvolle Weise deuten, so dass sich ein semiotisch[100] sinn-

---

99 Vgl. die klassische Darstellung bei *Rudolf Bultmann*: *Theologie des Neuen Testaments* (1948–1953). UTB 630. 9. durchgesehene Aufl. hg. v. Otto Merk. Mohr (Siebeck), Tübingen 1984, dort S. 193–203.

100 Semiotik ist die Wissenschaft von den Zeichen. Das Adjektiv „semiosisch" bezeichnet Zeichenprozesse, das Adjektiv „semiotisch" dagegen eine Reflexion auf Zeichenprozesse bzw. deren (wissenschaftliche) Analyse.

voller Zusammenhang zwischen den vier unterschiedenen Bedeutungen aufweisen lässt?

Tatsache ist nach allgemeiner Auffassung, dass der Mensch Jesus wirklich am Kreuz starb, also nicht etwa scheintot war und wiederbelebt wurde. Dass Jesus aber seinen Jüngern und Jüngerinnen und auch anderen Personen wie etwa dem späteren Apostel Paulus als „Auferweckter“ erschien, ist biblisch ebenso gut bezeugt wie in der Sache bis heute rätselhaft. Jesus starb und wurde von den Toten auferweckt – sein Leib, sein „soma“, wurde auf geheimnisvolle Weise „restituiert/rekonstruiert“. ***Jesu Leib, sein soma, lebte nach seinem Tode weiter.*** Wie das möglich sein soll, wenn damit nicht einfach die Aufhebung von Naturgesetzen und die Durchbrechung von Kausalketten gemeint ist[101], das soll hier mit begrifflichen Kategorien der allgemeinen Semiotik untersucht werden. Dabei gehe ich jedoch zunächst aus von unserem heutigen historischen Wissen um die Person Jesu von Nazareth. Wer war dieser Mensch, was können wir (relativ gesichert) von ihm wissen?

Jesus von Nazareth – ein Leben in den Koordinaten von Glaube, Hoffnung und Liebe

Ob Jesus sich (etwa seit seiner Taufe durch Johannes den Täufer) als Sohn Gottes empfunden hat, wissen wir nicht sicher. Allerdings können wir davon ausgehen, dass er, sofern er an eine Gotteskindschaft der Menschen dachte, diese **nicht exklusiv** (also nur für ihn selbst bestimmt), sondern **ganz und gar inklusiv** verstand. Dies belegt der Wortlaut des „Vaterunsers“: Denn alle Menschen können Kinder Gottes

---

101 Wunder als zeichengebende Ereignisse (Paul Tillich) mag es immer wieder geben, als Durchbrechung von Kausalketten sind sie hingegen „nicht jedermanns Sache“ (Immanuel Kant).

werden, wenn sie an ihn glauben und ihre Existenz von Agape (Nächstenliebe) und Hoffnung auf das Reich Gottes bestimmen lassen.[102] An diesen göttlichen Vater glaubte Jesus, zu ihm betete er, ihm schenkte er sein uneingeschränktes Vertrauen. An ihn wandte er sich in höchster Not, indem er noch am Kreuz den 22. Psalm betete („Mein Gott, warum hast du mich verlassen?", vgl. Markus 15, 34). Der tiefe **Glaube an Gott** prägte seine ganze Existenz – wenn das lukanische Sondergut nicht völlig in die Irre führt, vielleicht schon seit seiner Kindheit (Lukas 2, 41–52).

Der in Nazareth geborene, von Johannes dem Täufer getaufte junge Mann aus Galiläa predigte die Nähe des „Reiches Gottes" (Markus 1, 14 f.). An Jesu Naherwartung der Ankunft des Reiches Gottes gibt es nach dem heutigen Forschungsstand keinen Zweifel. Er rechnete mit dem baldigen Einbruch des Reiches Gottes (Markus 1, 15). Und er sah den Teufel vom Himmel herabfallen wie einen Blitz (Lukas 10, 18). Diese Naherwartung machte die Ernsthaftigkeit der Verkündigung Jesu aus und motivierte ihn zu seinem Handeln, zu dem auch prophetische Zeichenhandlungen gehören. Zu diesen zählte sein Einzug in Jerusalem auf dem Reittier Esel ebenso wie die sog. „Tempelreinigung", die in allen vier Evangelien bezeugt ist und möglicherweise ursächlich für seine spätere Festnahme und Hinrichtung durch die Römer war. Alles, was er tat, stand im Horizont einer glühenden Naherwartung des Reiches Gottes. Diese Naherwartung

---

102 Auch das Thomasevangelium bietet einen frühen urchristlichen Beleg für die hier vertretene inklusive Sicht der Vaterrolle Gottes gegenüber den Menschen: „Wenn ihr euch erkennt, dann werdet ihr erkannt werden, und ihr werdet begreifen, dass ihr die Kinder des lebendigen Vaters seid" (zitiert nach: *Elaine Pagels: Das Geheimnis des fünften Evangeliums*, München 6. Aufl. 2013, S. 193).

schloss bei aller Betonung des Gerichtshandelns Gottes aber vor allem eine **hoffnungsvolle Perspektive** ein – jedenfalls für die Menschen, die offen für sein Reich waren und sich selbst im Geist des „Vaterunser“ als Kinder Gottes verstanden. Jesus lebte somit im **Geist der Hoffnung** auf den liebevoll zugewandten Vater, der für ihn auch Herr der Geschichte war.

Zudem kann man mit dem Lukasevangelium wohl auch über Jesus sagen: „Dieser nimmt die Sünder an und isst mit ihnen.“ (Lukas 15, 2).[103] Neben Jesu Lehre und Verkündigung einerseits und sein Heilungshandeln andererseits tritt die von ihm eingeführte und für ihn charakteristische Praxis der offenen, egalitären Mahlgemeinschaften[104] – und damit verbunden ebenso wie an anderer Stelle auch unabhängig davon (Johannes 8, 1–11) die Annahme der Sünder und Sünderinnen. In seinem Lehren und Heilungshandeln, in seinen Mahlgemeinschaften und in der Annahme der Sünderinnen und Sünder lebt Jesus den Geist der Liebe vor. Wobei er Liebe im Sinne des Alten Testaments als **„Nächstenliebe“** (3. Mose 19, 18) versteht, aber sie auch zur **„Feindesliebe“** (Matthäus 5, 43 f.) radikalisiert. Übrigens kann man an dieser Stelle einen gravierenden Irrtum zurückweisen, dem Richard Dawkins unterliegt, wenn er (merkwürdigerweise in seinem Kapitel über das Neue Testament!) behauptet, das Gebot der „Nächstenliebe“ habe sich ursprünglich nur auf Angehörige der eigenen, jüdischen Volksgemeinschaft

---

103 Nach Matthäus haben Jesu Gegner ihn wegen seiner offenen Mahlgemeinschaften als “Fresser und Weinsäufer” (Matthäus 11, 18 f.) verspottet.

104 Vgl. *John Dominic Crossan*: *Jesus: Ein revolutionäres Leben*, München 1996, S. 94 ff., und *Michael Sontheimer: „Beseelt und verfolgt“*, in: *Annette Großbongardt / Dietmar Pieper*, a.a.O., S. 224–241 (bezüglich der revolutionären Idee der Gleichheit, die sich im gemeinsamen Abendmahl ausdrückte).

bezogen.[105] Dass dies im Blick auf Jesus und das Neue Testament nicht stimmt, ist sehr leicht zu sehen und kann schon durch die Beispielgeschichte vom „Barmherzigen Samariter" (Lukas 10, 25–37) widerlegt werden. Aber auch das so genannte Alte Testament macht immer wieder ausdrücklich die „Fremden" in der Mitte des Volkes zum Gegenstand der Nächstenliebe: „Wenn ein Fremdling bei euch wohnt in eurem Lande, den sollt ihr nicht bedrücken. Er soll bei euch wohnen wie ein Einheimischer unter euch, und du sollst ihn lieben wie dich selbst; denn ihr seid auch Fremdlinge gewesen in Ägyptenland. Ich bin der HERR, euer Gott." (3. Mose 19, 33 f.).

Vor dem eben skizzierten Hintergrund dürfte eine bedeutsame Nähe zwischen Jesus und Paulus deutlich werden. Sie macht sich an den paulinischen Schlüsselbegriffen **Glaube, Hoffnung** und **Liebe** fest. Die von Paulus programmatisch verwendete Trias umreißt, wie oben (in Kapitel 2 gezeigt) die wesentlichen Koordinaten der christlichen Existenz (1. Thessalonicher 1, 3 und 5, 8 sowie programmatisch umfassend 1. Korinther 13). Und eben diese drei Koordinaten lokalisieren, wenn unsere Interpretation zutrifft, umfassend die Person Jesu, die ganze leibhafte Person des Mannes aus Nazareth, also sein Soma. ***Das Soma Jesu existiert somit auffindbar in den Koordinaten von Glaube, Hoffnung und Liebe.*** Wer diese Trias entdeckt, wem sie begegnet, der kann dem begegnen, was Jesus als Person ausmacht. Und somit Jesus Christus selbst. Damit aber auch sich selbst – als Mensch, genauer gesagt als Christenmensch, der sich selbst von Jesus Christus her versteht.[106]

---

105 *Richard Dawkins: Der Gotteswahn,* a.a.O., S. 351 f.

106 Wer Jesus neu entdeckt und in ihm und durch ihn Gott neu entdeckt, der entdeckt immer auch sich selbst neu. In diesem

Jesu Leib als Zeichen für Gottes väterliche Liebe

Jesu Leib (sein Soma) lässt sich, so lautet meine Kernthese in diesem Kapitel, als ein im präzisen semiotischen Sinn gefasster Zeichenkörper verstehen. Zeichen oder Zeichenkörper (der Begriff wird hier synonym gebraucht) sind nach einer klassischen Definition von Charles Sanders Peirce alle diejenigen Entitäten, die auf ein Referenzobjekt verweisen und einen so genannten Interpretanten (also eine rein formal gefasste Interpretation) hervorrufen. Interpretanten hat der historische Jesus (und hat sein Soma) nachweislich in großer Zahl hervorgerufen. Das Neue Testament ist voll von Zeugnissen unterschiedlichster Autoren, die ihre Interpretanten in mehr oder weniger geordneter Weise überliefert haben. Man kann geradezu von einer Interpretantensammlung sprechen.[107] Aber welches ist das Referenzobjekt, auf das Jesus bzw. sein Soma verweist? Die Antwort liegt nahe, und die Interpretantensammlung des Neuen Testaments bestätigt sie klar und deutlich: Jesus wollte Gott selbst darstellen, den er als den liebevollen Vater aller Menschen und den Grund aller Hoffnung verstand.

Die Person Jesu (= Jesu Leib) kann daher im Verbund mit ihren zahlreichen Interpretanten als ein komplexes Zeichen für Gott verstanden werden. Jesus – ein Zeichen für Gott, Jesu Leib – ein Zeichen für Gottes Liebe. Ist das aber nur eine retrospektive Deutung, oder ist es denkbar, dass Jesus

---

Sinne bekenne ich mich gerne zu Rudolf Bultmanns Theologie: „*Tua res agitur* – es geht um dich selber.“ (*Rudolf Bultmann*: *Das Urchristentum im Rahmen der antiken Religionen*, Zürich und München 5. Aufl. 1986, S. 8.)

107 Eine knappen, aber sehr schönen Überblick über diese Interpretantensammlung, also die Bücher und Zeugnisse des Neuen Testaments, bietet *Gerd Theißen*: *Das Neue Testament*, a. a. O.

sich auch selbst so verstanden hat?[108] Offenbar hat Jesus einige Male in seinem Leben so gehandelt, als sei er der Sohn Gottes (oder gar Gott selbst) – so haben ihn jedenfalls seine Zeitgenossen wahrgenommen, wobei zu diesen Zeitgenossen sowohl Anhänger als auch Gegner Jesu zählen. Wenn er zum Beispiel dem Gelähmten in Kapernaum seine Sünden vergibt (Markus 2, 1–12), dann fragen sich die Umstehenden „Wer kann Sünden vergeben als Gott allein?" (Markus 2,7), und sie werten den Vorgang, soweit sie ihm feindlich gesinnt sind, als Gotteslästerung. Seine Anhänger dagegen bewundern Jesus für dieses sein Handeln. Offenbar hat Jesus *sich in dieser Schlüsselszene selbst so dargestellt*, als sei er selbst Gott bzw. mindestens so eng mit Gott verbunden wie ein Sohn mit seinem Vater. Aber nicht nur durch die gewagte Praxis exemplarischer Sündenvergebung stellte sich Jesus als der Sohn Gottes (oder sogar als Gott selbst) dar, sondern ebenso

- durch die offenen, egalitären Mahlgemeinschaften, in die er auch Zöllner und Sünder einbezieht,
- durch Aufmerksamkeit erregende Heilungen,
- durch Handlungen, die als „Naturwunder" empfunden wurden,
- durch prophetische Zeichenhandlungen wie die sog. „Tempelreinigung".

In diesen und ähnlichen Handlungen sowie durch seine Lehre in Gleichnissen und weisheitlichen Logien stellt Jesus Gott als einen väterlich liebenden Gott dar und verweist als stabiler Zeichenkörper immer wieder auf dieses Referenzobjekt.

---

108 Die Frage nach Jesu Selbstverständnis ist auch heute noch keineswegs einfach und eindeutig zu beantworten. Man begibt sich hier in durchaus spekulative Gebiete und sollte dies auch deutlich machen. Vgl. etwa *Theißen, Das Neue Testament*, a.a.O., S. 19–21.

Jesu Leib wäre dann – so fasse ich meine Hauptthese zusammen – im wahrsten Sinne des Wortes als ein „Zeichenkörper" zu verstehen, dessen er sich bediente, um Gott als den liebenden Vater vor den Menschen seiner Zeit, die er für die Endzeit hielt, darzustellen.

Die Auferweckung des Leibes Jesu in semiotischer Perspektive

Die begonnene semiotische Analyse ist nun fortzusetzen im Blick auf die Thematik der Auferweckung Jesu bzw. seines Leibes von den Toten. Wir sahen eingangs, dass der Begriff „Soma Iesou" verschiedene Bedeutungen haben kann: Damit kann der lebendige Mensch Jesus von Nazareth als Person bezeichnet werden, ebenso aber auch der Leichnam dieser Person, sodann das Brot als Element im Abendmahlsgeschehen, schließlich die christliche Gemeinde in Korinth bzw. die Kirche als Gemeinschaft der Glaubenden insgesamt. Wie verhalten sich diese vier Größen zueinander? Offenbar bilden sie einen Konstitutionszusammenhang, genauer gesagt, einen Zeichenprozess, indem sie aufeinander aufbauen und sich auseinander entwickeln. Man kann diesen Zeichenprozess vielleicht auch als ein „Feld"[109] bezeichnen, in semiotischer Perspektive als ein Feld von Zeichen oder aber (in theo-

---

109 An anderer Stelle und in anderem Zusammenhang verwenden auch *Ingolf Ulrich Dalferth* und *Michael Welker* den „Feld"-Begriff. Diese Überlegungen haben mich angeregt, ich gehe hier aber einen eigenen Deutungsweg. Ich rede von einem Feld aus Zeichen, und dieses Zeichenfeld verstehe ich als ein von Gott inspiriertes Feld, also als ein Geist-Feld. Ich würde somit, wie oben bereits einmal angedeutet, von einer **Signal-Inspiration** (von lateinisch „Signum" = Zeichen) sprechen. Eine entsprechend zu konzipierende Inspirationslehre gibt es

logischer Perspektive) als ein durch den Heiligen Geist konstituiertes Geist-Feld.

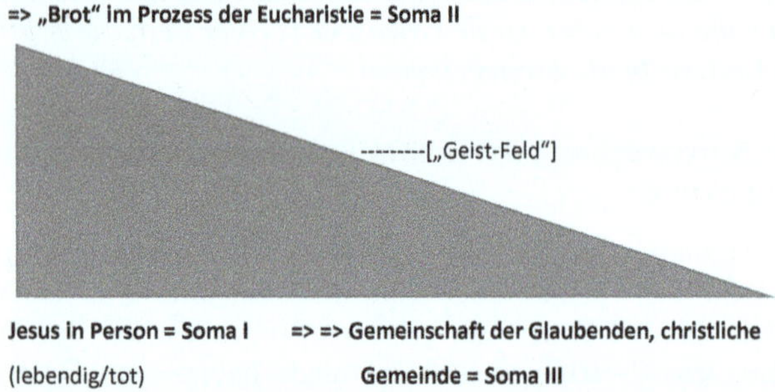

Jesus in Person, die Elemente Brot und Wein im Abendmahlsgeschehen (wobei „Brot" als Metonymie für den gesamten Prozess der Eucharistie stehen mag), die christliche(n) Gemeinde(n) vor Ort, dieser pneumatische Zeichenprozess bildet eine Einheit. *All dies ist nämlich (in jeweils unterschiedlicher Hinsicht) Jesu Leib – und insofern ist Jesus selbst potenziell in jedem christlich gefeierten Abendmahl und in jeder christlichen Gemeinde präsent.* Es handelt sich dann aber bei der Rede vom „Leib Jesu" gerade nicht um eine sinndiffundierende Äquivokation, sondern vielmehr um einen *gehaltvollen und konsistenten semiosischen Prozess der (realen) Sinn- und Bedeutungsübertragung*, der sich freilich nur demjenigen erschließt, dem der Heilige Geist selbst diese Einsicht schenkt.

Der einzige Mensch, der in der Bibel von sich selbst bezeugt, dass er den auferweckten Jesus gesehen hat, ist bekanntlich der Apostel Paulus (1. Korinther 9, 1; 15, 8; Galater 1, 15 f.).

---

meines Wissens bisher noch nicht in der Theologie. Sie wäre aber einer semiotisch konzipierten Theologie angemessen.

An Jesu Identität hatte er dabei keinen Zweifel. Allerdings hatte er Jesus zu Lebzeiten nicht gekannt und liefert auch keine nähere Beschreibung des Auferweckten. Stattdessen findet sich bei ihm eine tradierte urchristliche Bekenntnisformel zusammen mit einer ihm offenbar vorliegenden, umfangreichen Zeugenliste (1. Korinther 15, 3–7). Aber Paulus gibt zugleich einen wichtigen Hinweis zum Verständnis des Vorgangs, den wir „Auferweckung" nennen. Er unterscheidet nämlich zwischen irdischen und himmlischen, psychischen und pneumatischen „Somata" (Leibern, Körpern, vgl. 1. Korinther 15, 35 ff.). Es gibt ihm zufolge einen geistlichen Leib, ein **„soma pneumatikon"**. Dieses ist nicht identisch mit dem irdischen Leib, in dem ein Mensch zu Lebzeiten existiert. Das legt den Schluss nahe, dass Jesus dem Paulus in einer pneumatischen Leibhaftigkeit begegnete, nicht aber mit einem „normalen", also natürlichen irdischen Leib. Aber was ist das, wie hat man es sich vorzustellen: **ein pneumatischer, also durch den Heiligen Geist konstituierter Leib?**

Vielleicht lässt sich Jesu Auferweckung vor dem skizzierten semiotischen Hintergrund wie folgt interpretieren: ***Gott restituiert bzw. rekonstruiert den Leib Jesu im Brot der Eucharistie, also im vom Heiligen Geist geleiteten Vorgang der Spendung und des Empfangs des Abendmahls. Und er restituiert bzw. rekonstruiert ebenfalls den Leib Jesu in der vom Heiligen Geist erfüllten Gemeinde vor Ort, etwa in Korinth.*** Beides ist semiosisch eng miteinander verbunden, denn christliche Gemeinden bilden sich, leben und bestehen im Vollzug des Abendmahls.[110] Jesus lebt daher sowohl im geistgeleiteten Vollzug des Sakraments als auch in der Präsenz

110 Vgl. Apostelgeschichte 2, 42: „Sie blieben aber beständig in der Lehre der Apostel und in der Gemeinschaft und im Brotbrechen und im Gebet."

von geisterfüllten christlichen Gemeinden. Dabei ist von der **prozesshaften Einheit der Somata I–III** auszugehen. Diese Einheit ist die Einheit eines kohärenten Geist-Feldes.

Hierzu passt sehr gut die Geschichte der „Emmaus-Jünger" (Lukas 24, 13–35). Die beiden (nicht zum Kreis der Zwölf gehörenden) Jünger treffen Jesus bei ihrem Gang nach Emmaus. Allerdings erkennen sie ihren Herrn nicht, obwohl er ihnen auf dem Wege eindringlich die Bibel auslegt. Erst als sie am Abend das Mahl mit Jesus nehmen und er das Brot nimmt, dankt, es bricht und ihnen darreicht, erkennen sie ihn. „Da wurden ihre Augen geöffnet und sie erkannten ihn. Und er verschwand vor ihnen." (Lukas 24, 31) Rätselhaft scheint das sofortige Verschwinden der soeben erkannten Person. Offenbar ist der Leib Jesu nur momenthaft präsent, nur augenblickweise vorhanden.[111] Er erscheint während des Mahles, also während des sakramentalen Vollzuges, dann jedoch verschwindet er so plötzlich wieder, wie er ihnen erschienen war. Für die beiden Jünger aber hat sich alles geändert, aus Dunkelheit wurde Licht, aus Zweifel wurde Glaube und aus Verzweiflung wurde neue Hoffnung. Das trug zum Neuaufbau des Kreises der Jüngerinnen und Jünger und damit der Gemeinde bei.

---

111 Auch weitere Schilderungen der leibhaften Präsenz Jesu nach seinem Tode am Kreuz werfen Rätsel auf: Das Grab ist leer, und ein rätselhafter Jüngling (Neaniskos) verkündet Maria Magdalena und anderen Frauen, Jesus lebe und gehe seinen Anhängern nach Galiläa voraus (Markus 16, 1–8). Maria Magdalena hält ihn für den Gärtner und erkennt ihn nicht (Johannes 20, 11–18), er geht durch verschlossene Türen (Johannes 20, 19) und ist doch anfassbar und greifbar für den Zweifler Thomas (Johannes 20, 24–29). Er ist leibhaftig präsent und zugleich von einer anderen Leiblichkeit als ein normaler Mensch.

Wenn diese Deutung zutreffen sollte, dann geschieht die Auferweckung Jesu präzise durch die eine pneumatische Einheit mit der Person Jesu (Soma I) bildenden Somata II und III. In allen drei Somata bildet sich *die menschliche Existenz in den Koordinaten von Glaube, Liebe und Hoffnung* ab. Alle drei Somata sind vom Geist Gottes, vom Heiligen Geist, erfüllt. Sie sind daher inspirierte Somata. Und sie sind lebendige Somata, die in realer Beziehung zueinander und in geschichtlicher Kontinuität stehen: Der von Glaube, Liebe und Hoffnung erfüllte Jesus hat die Mahlgemeinschaft als Zeichen für sich selbst und damit für die Existenzmodi Glaube, Liebe und Hoffnung eingesetzt. Und durch die Mahlgemeinschaft, also durch die fortwährende eucharistische Praxis der Nachfolger und Nachfolgerinnen Jesu, entstehen christliche Gemeinden, die den Glauben, die Liebe und die Hoffnung leben und bewahren.[112]

Mit Klaus Berger gesagt: „Auferstehung Jesu wird eine Erfahrung, wenn man sie im Gottesdienst feiert und sich dabei die Mitte des Glaubens gegenseitig bestätigt."[113]

---

112 Davon unabhängig stellt sich die Frage, wie ein einzelner Mensch wie etwa Saulus/Paulus zu einer Begegnung mit dem auferweckten Jesus gelangen konnte, also die Frage nach der **Natur des sog. „Damaskus-Erlebnisses"**. Dazu drei Hinweise: (1) Paulus hatte vor Damaskus einen körperlichen und seelischen Zusammenbruch, vielleicht infolge eines epileptischen Anfalls. (2) In diesem Zusammenhang hatte er eine Vision und/oder Audition, die er der Person Jesu zuordnete. (3) Er verstand infolge dieses Ereignisses, dass Gott selbst diejenige Interpretation seines Wesens, die Jesus durch sein Leben und sein Sterben gegeben hatte, als zutreffend bestätigt hatte.

113 So *Klaus Berger: Wer war Jesus wirklich?*, Stuttgart 1995, S. 211. Berger, der zu den Dogmen der Alten Kirche ein durchaus affirmatives Verhältnis hat, ist bei den Aussagen zur Auf-

Die Mahlgemeinschaften und die christlichen Gemeinden leben auch in der Gegenwart noch, und in ihnen und durch sie auch Jesus Christus selbst. Man kann und muss dann sogar von einer ***„leiblichen" oder „leibhaftigen" Auferweckung*** Jesu sprechen. Allerdings impliziert der Gedanke der Einheit der Somata nicht deren *substanzhafte bzw. substanzielle Identität*. Jesus verwandelt sich nicht in die Substanz von Brot (und Wein)[114], er ist auch nicht substanziell identisch mit einer Gemeinde oder Kirche. Eine substanzontologische Interpretation ist daher auszuschließen, der römisch-katholische Gedanke der „Wandlung" in der Eucharistie abzuweisen. Aber es besteht eben doch *eine reale semiosische Einheit der Somata Jesu*, die durch den Heiligen Geist, also pneumatisch, vermittelt ist. Man kann daher mit einem gewissen Recht von einer pneumatisch vermittelten „Realpräsenz" Christi im Abendmahl sprechen.[115]

---

erweckung/Auferstehung als Historiker eher zurückhaltend. Er sieht in der Auferstehung eine auch heute mögliche „Erfahrung", nicht aber ein „Dogma" (a. a. O., S. 210). Und er meint, der Satz des unbekannten Jünglings an die Frauen „Jesus ist auferstanden" (Markus 16,6) sei „ursprünglich und überhaupt als Gruß" (a.a.O., S. 212) zu verstehen, wie er immer noch in vielen christlichen Ostergottesdiensten üblich ist. Bergers Auslegung des Auferweckungsgeschehens ist insofern mit der hier vorgeschlagenen semiotischen Deutung dieses Ereignisses eng verwandt.

114 Der Gedanke, der Leib Jesu in Brot und Wein würde „[...] in Wahrheit von den Händen der Priester gefasst, gebrochen und von den Gläubigen mit den Zähnen zermalmt" (zitiert nach *Bernhard Lohse*: Epochen der Dogmengeschichte, Stuttgart/Berlin, 5. Auflage 1983, 148), beruht auf dem aus heutiger Sicht problematischen antiken Substanzbegriff und einem für uns befremdlichen Materialismus.

115 In der römisch-katholischen Interpretation der Realpräsenz verwandelt sich Soma I substanziell zu Soma II. Es liegt weit

Die Auferweckung des Leibes Jesu – was vom Rätsel bleibt

Als der Alt-68er und Ex-Kommunarde Fritz Teufel (1943–2010)[116] am 6. Juli 2010 in Berlin starb, wurde kurz nach seiner Beisetzung der Diebstahl von Teufels Urne festgestellt. Der Staatsschutz ermittelte zunächst wegen Grabschändung aus politischen Motiven. Wenig später wurde die vermisste Urne in Berlin-Dahlem neben dem Grab des anderen Alt-68ers Rudi Dutschke (1940–1979) aufgefunden. Mit einer Auferweckung Teufels von den Toten rechnete plausibler Weise niemand.[117] Bald gelangte die Polizei zur Auffassung, dass es sich um einen makabren Spaß von Anhängern Teufels aus der linken Szene handelte. Es ist nicht einmal auszuschließen, dass Teufel selbst im Blick auf sein Begräbnis eine entsprechende Anordnung gegeben hatte. Der Stil des Ereignisses hatte jedenfalls Züge, die zum Charakter der verstorbenen Person sehr genau passten.

---

mehr als eine Einheit, nämlich eine substanzielle Identität, vor. Die traditionell lutherische Sichtweise behauptet dagegen die (ontologische) Einheit von Soma I und Soma II, ohne diese Einheit durch den Substanzbegriff zu erklären. Die reformierte und die baptistische Tradition gehen ebenfalls von einer Einheit der Somata I und II aus, die aber zugleich die Differenz der beiden und die symbolische Repräsentation von Soma I durch Soma II betont. Allen drei Interpretationen ist freilich die Einsicht gemeinsam, dass ohne das Wirken Gottes (=des Heiligen Geistes) die Einheit der drei Somata Jesu nicht gedacht werden kann.

116 Er wurde bekannt durch das so genannte "Pudding-Attentat", durch sein Buch "Klau mich!" und seine ironisch-respektlose Äußerung, als er vor Gericht zum Aufstehen aufgefordert wurde: „Wenn das der Wahrheitsfindung dient."

117 Das wäre allerdings, wenn man den Nachnamen der Person beim Wort nimmt, auch ausgesprochen erschreckend gewesen.

Auch die Ereignisse nach dem Tod Jesu schlossen sich passgenau an die Biographie des Verstorbenen an. War schon das Leben dieses Menschen den Zeitgenossen (Gegnern wie auch Anhängern) in vieler Hinsicht ein Rätsel, so gilt dies erst recht für seinen Tod und die sich anschließenden Begebenheiten. Was mit dem toten Körper des Menschen Jesus geschah, der ja biblisch, wie wir eingangs sahen, ebenfalls „soma" genannt wird, ist unklar. Die Bestattung durch Joseph von Arimathäa scheint historisch zu sein – gegen Crossan.[118] Das Markusevangelium überliefert als ältestes der vier neutestamentlichen Evangelien den so abrupt wirkenden Schluss, dem zufolge einige Frauen das Grab leer vorfinden – bis auf einen Jüngling (Neaniskos) in einem langen weißen Gewand (Markus 16, 5). Ist dieser junge Mann möglicherweise identisch mit dem „Neaniskos", der in der Nacht der Verhaftung Jesu nackt geflohen war (Markus 14, 51 f.)? Hat dieser Jüngling etwa Jesu Soma entfernt? Waren andere Anhänger Jesu dabei beteiligt? Wurde eine durch die Kreuzigung abrupt unterbrochene Inszenierung (nämlich die Darstellung des väterlich liebenden Gottes durch Jesus) durch bekannte oder unbekannte Personen fortgesetzt? Oder sind sogar mehrere dieser denkbaren Lösungen, die sich keineswegs alle ausschließen müssen, zutreffend? An dieser Stelle bleibt möglicherweise für alle Zeiten ein historisches Rätsel im Raume stehen. Denn die uns verfügbaren Quellen reichen nicht aus, es zu lösen.[119]

---

118 *Crossan, Jesus,* a.a.O., S. 199–205.

119 Dies dokumentiert auch das Buch von *Gerd Lüdemann*: *Die Auferstehung Jesu:* Historie, Erfahrung, Theologie, Göttingen 1994. Was er auf den Seiten 209 bis 222 dieses Buches skizziert, um zur partiellen Lösung des historischen Rätsels beizutragen, mag man als unzureichend kritisieren. Aber trotz seines fragmentarischen Charakters scheint es mir eine christlich noch mögliche Position darzustellen. Dass andere dies

Wenn aber der historische Jesus möglicherweise ein (höchst begabter) Schauspieler war – so lautet ja unsere oben (in Kapitel 4) vorgeschlagene Abduktion – und seine Jüngerinnen und Jünger ihn und sich selbst ebenfalls in diesem Sinne verstanden, dann haben auch die Ereignisse rund um Jesu Auferweckung sehr wahrscheinlich Anteil an dem großen, von Gott selbst inszenierten Schauspiel um Jesus. Jedenfalls dann, wenn Jesu Jüngerinnen und Jünger nach und trotz der entsetzlichen Erfahrung der Kreuzigung ihres Herrn und Meisters schließlich erkannten, **dass (1) Jesu schauspielerische Interpretation Gottes dessen Wesen tatsächlich zutreffend offenbart hatte, dass (2) Gott selbst auch im Geschehen der Kreuzigung der Regisseur der Weltgeschichte ist und bleibt und dass dies (3) durch das Zeichen- und Geist-Feld, in dem die drei Somata Jesu Christi verbunden sind, bestätigt wird.**

Diese drei Einsichten markieren meines Erachtens die Geburtsstunde der christlichen Kirche. Wichtig an ihnen ist, dass sie zwanglos vereinbar sein könnten mit einer rationalen Theologie, wie sie etwa Holm Tetens vorgelegt hat.[120] Alle drei Einsichten vermitteln sich durch die unverfügbare Erkenntnis der zeichenhaften (semiosischen) Einheit des Leibes Jesu mit dem Prozess der Feier des Heiligen Abendmahles und mit der Präsenz der lebendigen christlichen Gemeinden vor Ort.

Es ist sicherlich kein Zufall, dass sich aufgrund dieser drei Einsichten, die je für sich und auch in ihrem inneren

---

anders empfinden und auch er selbst dies heute selbst nicht mehr so sieht, steht auf einem anderen Blatt geschrieben.

120 Tetens spart in seinem überaus anregenden Buch das Themenfeld der Christologie bewusst aus (vgl. *Holm Tetens*, *Gott denken*, a. a. O., S. 10 f.). Mir dagegen liegt daran, mit meinen hier entfalteten Überlegungen so etwas wie eine Plattform schaffen, von der aus eine rationale Christologie denkmöglich wird.

Zusammenhang unverfügbar und also kontingent sind, im Laufe der Geschichte der Alten Kirche eine Trinitätslehre entwickelt hat. Ich zweifle allerdings daran, dass sie sich *in der Bestimmtheit, in der sie sich ausprägte*, so entwickeln musste. Vor allem bleibt für mich die Person Jesu von Nazareth eine durch und durch irdische Person, ein „wahrer Mensch", der allenfalls in metaphorischer Weise auch „wahrer Gott" genannt werden kann. Ich vertrete also – um dies deutlich zu sagen – keine Lehre von der Präexistenz Christi und erst recht keine *immanente* Trinitätslehre, die das Verhältnis dreier innergöttlicher Personen in irgendeiner Weise zu bestimmen versucht. Beides scheint mir absolut spekulativ und rational nicht wirklich einholbar zu sein.[121]

Allerdings ist mit der in diesem Buch skizzierten Auffassung Jesu als des Hauptdarstellers Gottes zumindest *ein* in der frühen Trinitätslehre verwendeter Grundbegriff zwanglos vereinbar ist: nämlich der Begriff des **„Prosopon"**, der in der griechischen Sprache sowohl **die Gestalt, das Antlitz oder auch die Maske eines Schauspielers** bedeuten kann. Das lateinische Wort *„persona"*, auf welches das deutsche Wort *„Person"* zurückgeht, das in der Entfaltung der Trinitätslehre

121 Den Streit um das **„filioque"** (= „und auch vom Sohn"), also die Frage, ob die Person des Heiligen Geistes nur von der Person Gottes des Vaters oder auch von der Person des präexistent gedachten Sohnes ausgeht, halte ich dann für eine überflüssige Spekulation, wenn es dabei um rein innertrinitarische Relationen gehen sollte. Wenn damit nur behauptet werden soll, dass ohne die leibhafte Person Jesu das Zeichenfeld der drei Somata nicht hätte entstehen können, ist diese Behauptung trivial. Allerdings muss man dann auch von einem **„spirituque"** (= „und auch vom Geist") sprechen, denn sowohl der Mensch Jesus als auch das Zeichenfeld bedurfte der Inspiration durch Gott selbst, also durch seinen Geist.

bedeutsam ist („ein Gott – drei Personen"), leitet sich sprachlich vom griechischen Wort **„prosopon"** ab. Es hat aber eine starke substanzontologische Prägung, da es meist als lateinische Übersetzung für „Hypostasis" (Grundlage, Substanz oder Seinsstufe) fungierte. Vielleicht könnte es hilfreich sein, zu den Ursprüngen der Trinitätslehre zurückzukehren und den Begriff **„prosopon"** neu im Blick auf seine Leistungsfähigkeit zu untersuchen.

Wie auch immer: Die leibhafte Einheit Jesu ist auch heute noch auffindbar in den Koordinaten von Glaube, Hoffnung und Liebe, also in der dimensionalen Trias, die für die christliche Existenz schlechterdings konstitutiv ist. *Semiotisch gesehen* ist die Einheit des Leibes Jesu damit durchaus *kein Rätsel* – auch wenn historisch betrachtet offenbleiben muss, was mit dem Leichnam Jesu am Ostermorgen wirklich geschah.

7. Der „Überschuss" der Religion: Was nicht in die Grenzen bloßer Vernunft passt

> 1 Im Anfang war das Wort, und das Wort war bei
> Gott, und Gott war das Wort. 2 Dasselbe war im
> Anfang bei Gott. 3 Alle Dinge sind durch dasselbe
> gemacht, und ohne dasselbe ist nichts gemacht,
> was gemacht ist. 4 In ihm war das Leben, und
> das Leben war das Licht der Menschen. 5 Und
> das Licht scheint in der Finsternis, und die Fins-
> ternis hat's nicht ergriffen. 6 Es war ein Mensch,
> von Gott gesandt, der hieß Johannes. 7 Der kam
> zum Zeugnis, damit er von dem Licht zeuge, auf
> dass alle durch ihn glaubten. 8 Er war nicht das
> Licht, sondern er sollte zeugen von dem Licht.
> 9 Das war das wahre Licht, das alle Menschen
> erleuchtet, die in diese Welt kommen. 10 Es war in
> der Welt, und die Welt ist durch dasselbe gemacht;
> und die Welt erkannte es nicht. 11 Er kam in sein
> Eigentum; und die Seinen nahmen ihn nicht auf.
> 12 Wie viele ihn aber aufnahmen, denen gab er
> Macht, Gottes Kinder zu werden: denen, die an
> seinen Namen glauben, 13 die nicht aus mensch-
> lichem Geblüt noch aus dem Willen des Fleisches
> noch aus dem Willen eines Mannes, sondern aus
> Gott geboren sind. 14 Und das Wort ward Fleisch
> und wohnte unter uns, und wir sahen seine Herr-
> lichkeit, eine Herrlichkeit als des eingeborenen
> Sohnes vom Vater, voller Gnade und Wahrheit.
> (Johannes 1, 1–14)

Der christliche Glaube und die christliche Religion beinhalten mehr als nur das, was in die Grenzen der bloßen Vernunft passt. Hierin ist Immanuel Kants Religionsverständnis durchaus zu widersprechen. Mit Jürgen Habermas kann vielmehr die These der Zweisprachigkeit und (nur) partiellen Übersetzbarkeit religiöser Diskurse vertreten werden. Die ambivalente Einstellung des nachmetaphysischen Denkens zur Religion entspreche in ihrer prinzipiellen Kooperationsbereitschaft, so Habermas, „(…) genau der epistemischen Einstellung, die säkulare Bürger einnehmen müssen, wenn sie bereit sein sollen, in öffentlichen Debatten aus den Beiträgen ihrer religiösen Mitbürger das zu lernen, was sich gegebenenfalls in eine allgemein zugängliche Sprache übersetzen lässt."[122] Die These von der notwendigen „Zweisprachigkeit" christlich-religiöser Diskurse und der möglichen Unübersetzbarkeit spezifischer religiöser Inhalte wird gegenwärtig von den Vertreterinnen und Vertretern des Konzepts der so genannten „Öffentlichen Theologie" betont, etwa von Christiane Tietz.[123]

Sicherlich kann man sagen: Religiöse Sprache, religiöses Denken, also der spezifische „Logos" der christlichen Religion, enthält nicht nur weitaus mehr als das, was sich eine instrumentelle Vernunft, was ein bloß technokratischer Verstand erschließen kann. Was das Christentum unter dem „Logos" versteht, übersteigt auch die dreistrahlige Vernunft der Moderne – sei es in ihrer klassisch Kant'schen, sei es in ihrer modernen Habermas'schen Version.[124] Der Friede

---

122 *Jürgen Habermas: Zwischen Naturalismus und Religion*: Philosophische Aufsätze, Frankfurt am Main 2005, S. 150.

123 *Vgl. Christiane Tietz: „… mit anderen Worten …: Zur Übersetzbarkeit religiöser Überzeugungen in politischen Diskursen"*, Antrittsvorlesung an der Johannes-Gutenberg-Universität Mainz, 02.07.2009, in: Evangelische Theologie 72. Jg. (2012), S. 86–100.

124 Zur Dreistrahligkeit der Vernunft bei Habermas vgl. *Helga Gripp: ‚Jürgen Habermas': Und es gibt sie doch – zur kommunikationstheoretischen Begründung von Vernunft bei Jürgen Habermas*, Paderborn/München/Wien/Zürich 1984,

Gottes ist nämlich „höher als alle menschliche Vernunft" (Philipper 4,7). Das heißt aber keineswegs, dass er gegen die Vernunft gerichtet wäre.

Besonders dem Apostel Paulus war bekanntlich sehr daran gelegen, die Vereinbarkeit von Glauben und Vernunft aufzuzeigen. Deshalb war es ihm so wichtig, dass auf die Zungenrede und das Beten der Psalmen eine verständliche Auslegung folgen sollte (1. Korinther 14, 13 ff.). Und ebenfalls deshalb legte er der Gemeinde in Korinth an das Herz, sie solle sich um ein „erwachsenes Verstehen" bemühen: „Liebe Brüder und Schwestern, seid nicht Kinder, wenn es ums Verstehen geht; sondern seid Kinder, wenn es um Bosheit geht; im Verstehen aber seid erwachsen." (1. Korinther 14,20). Derselbe Paulus spricht von der *logike latreia*, also vom „vernünftigen/vernunftgemäßen Gottesdienst" bzw. vom „Gottesdienst im Alltag der Welt" (Römer 12, 1) – hier begegnet in adjektivischer Form bereits das Wort "logos". Ingolf Ulrich Dalferth macht mit Blick auf diesen Begriff deutlich, dass die christlichen Gottesdienstfeiern keine Alternative zum Alltag in der Welt darstellen, sondern nur ein besonderer Fall des christlichen Lebenszeugnisses sind.[125] Es geht Paulus, wenn ich ihn recht verstehe, dabei letztlich immer um eine Vereinbarkeit von christlichem Glauben und Vernunft, die nicht zur Identität der beiden führt, aber ihre vollkommene Widerspruchsfreiheit einschließt.

Nur am Rande notiert: Den Streit, den Paulus in seinen Briefen an die Gemeinde in Korinth mit der so genannten

---

S. 136–141. An anderer Stelle in diesem Buch habe ich schon auf die Mehrdimensionalität (=Dreistrahligkeit) der Vernunft hingewiesen, die ebenso aufweisbar ist wie die der Religion.

125 *Ingolf Ulrich Dalferth: Der auferweckte Gekreuzigte,* a. a. O., S. 308–315.

„**Gnosis**" (Wissen/Erkenntnis), also einer selbsternannten, elitären Weisheitsbewegung austrägt (1. Korinther 1, 18 ff. sowie 1. Korinther 2), würde ich geistes- und religionsgeschichtlich deuten und jedenfalls nicht als grundsätzliche Ablehnung von Vernunft verstehen. Mit Christoph Markschies[126] ist davon auszugehen: (1) Was Paulus als „Gnosis" bezeichnet, hat noch nichts oder nur sehr wenig mit der im 2./3. Jahrhundert sich dynamisch entwickelnden Geistesbewegung zu tun, die heute „Gnosis" oder auch „Gnostizismus" genannt wird. (2) Allerdings stellt „Gnosis" (= Wissen/Erkenntnis) auch zur Zeit des Paulus schon so etwas wie einen Gegenbegriff zu „pistis" (= Glauben, Vertrauen zu Gott) dar. Es stellte sich die Frage: Wie wird Menschen das Heil zuteil, durch Glauben oder durch Erkenntnis? (3) Wie auch immer man „Gnosis" verstehen mag, das mit dem Begriff verbundene Konzept trägt auf jeden Fall *elitäre* Züge: Nur einigen wenigen wird die erlösende Erkenntnis zuteil. Paulus positioniert sich bekanntlich klar zugunsten der Heilsvermittlung durch die „pistis". Damit verbunden versteht er das Christentum als eine *nicht elitäre, sondern wesentlich egalitäre Bewegung*. Die Taufe begründet nach Paulus die Gleichheit aller Christenmenschen (Galater 3, 28 f.), und das Herren- oder Abendmahl bestätigt und bekräftigt genau diese Egalität.

Auch das Johannesevangelium spricht von einem „Logos", also einer sprachlich und logisch vermittelten Vernunft, die dem christlichen Glauben innewohnt, die überreich ist an Inhalten, an argumentativer Kraft und Differenzierungsfähigkeit. Dieser Logos ist nach Auffassung des Verfassers des Johannesevangeliums und nach christlichem Selbstverständnis auf Jesus Christus bezogen und intrinsisch mit der

126 *Christoph Markschies: Die Gnosis*, München 3. Aufl. 2010.

„Agape" (Liebe) verbunden. Genau daran erinnert auch der wunderbare Hymnus, der das Johannesevangelium einleitet (Johannes 1, 1–14). Wer sich auf diesen Logos bezieht, der hat in der Gegenwart allen Grund, das bedrohend Postfaktische nicht zu fürchten[127]. Ein Jesus zugeschriebenes Wort sprach vielleicht in eine ähnliche Situation hinein: „In der Welt habt ihr Angst. Aber seid getrost, ich habe die Welt überwunden." (Johannes 16, 33).

Vor diesem Hintergrund kann man sagen: Der **Logos,** auf den sich das Christentum bezieht, ist **die um die Liebe (Agape) erweiterte, ihr aber in keiner Weise widersprechende Vernunft.** Ich würde sogar noch einen Schritt weitergehen und behaupten: Es ist keineswegs der Glaube, es ist auch nicht die Hoffnung, die unmittelbar anschlussfähig an die aufgeklärte Vernunft wären. **An die Vernunft anschlussfähig ist vielmehr die Liebe.** Sie macht es möglich, dass Glaube und Hoffnung mit der Vernunft koexistieren und sogar mit ihr verbunden sein können, ohne mit ihr zu konkurrieren oder identisch zu werden.[128]

Warum halte ich die Liebe im Sinne der Agape (Nächstenliebe) für anschlussfähiger an die Vernunft als Glaube und

---

127 Vgl. dazu *Eberhard Martin Pausch*: *„Das Postfaktische nicht fürchten"*, in: *ders.*: *Ceterum censeo: Denkanstöße für Theologie und Kirche,* Münster 2018, S. 51–56.

128 Mit der Vernunft konkurrieren würde ein doxastischer Glaube, also ein Glaube, der mit einer Meinung über etwas identisch ist. Wir haben aber den Glauben in Kapitel 2 im Sinne von „Vertrauen zu Gott" verstanden. Mit der Vernunft konkurrieren könnte eine Hoffnung, die die Gestalt einer sich als unfehlbar verstehenden Prognose hätte. Hoffnungen sind aber im Sinne von Kapitel 2 keine Prognosen, sondern positive Zukunfts- und Heilserwartungen, die auf einer Gefühlsebene liegen.

Hoffnung? Die Liebe ist eine Haltung, die sich sowohl auf andere Personen als auch auf den liebenden Menschen selbst beziehen kann. Eben das ist ja der Sinn des Konzepts der Nächstenliebe: „Liebe deinen Nächsten *wie dich selbst!*". Menschen können (auch) sich selbst lieben, und sie können kritisch (auch) über sich selbst nachdenken (=reflektieren). Den Glauben haben wir jedoch bestimmt als eine Haltung des Vertrauens in Bezug auf Gott und die Hoffnung als eine Haltung, die sich auf Zeit und Ewigkeit bezieht. Beide Haltungen beziehen sich somit auf Objekte, die außerhalb der Person des Glaubenden bzw. Hoffenden selbst liegen.[129] Darin also sind Vernunft und Liebe miteinander eng verwandt: Sie können sich jedenfalls unter anderem auch auf die vernünftig denkende wie die liebende Person selbst beziehen. Die christliche Liebe verstehe ich vor diesem Hintergrund als denjenigen Überschuss, den die christliche Religion gegenüber der bloßen Vernunft aufzuweisen hat – sei diese rein, praktisch oder ästhetisch ausgerichtet. Es ist ein Überschuss, der von der bloßen Vernunft nicht eingeholt werden kann, wegen der gegebenen Anschlussfähigkeit aber auch nicht eingeholt werden muss.

Umgekehrt aber sollte auch betont werden: Nichts innerhalb der christlichen Religion widerspricht der bloßen Vernunft. Alles Vernunftwidrige, das es auf dieser Welt gibt – und davon gibt es leider ebenso wie Bösartiges, Erschreckendes und Grausames viel zu viel – ist vielmehr mit dem christlichen Glauben und der christlichen Religion

---

129 Damit soll nicht ausgeschlossen werden, dass in einem vagen, allgemeinen, alltagssprachlichen Sinn Menschen auch zu sich selbst Vertrauen haben können oder in Bezug auf die eigene Person Hoffnungen haben können. Das steht aber nicht in Einklang mit der Begriffsbestimmung von Glauben und Hoffnung, die wir in Kapitel 2 dieses Buches vorgenommen haben.

unvereinbar. Darin sollten die aufgeklärte Vernunft und die mit ihr widerspruchsfrei vereinbare christliche Existenz in den Dimensionen von Glaube, Hoffnung und Liebe gemeinsame Ziele haben: das Vernunftwidrige und das Böse auf dieser Welt zu überwinden. Diese Welt ist weder auf den tragischen Untergang hin programmiert, noch in eine hoffnungslos unveränderbare Statik gebannt. Sie ist vielmehr **veränderbar** und **verbesserbar**. Das lässt sich zeigen. Nicht in dem Sinne eines uneingeschränkten Optimismus oder eines naiven Fortschrittsglaubens, wie er für das 18. oder 19. Jahrhundert charakteristisch gewesen sein mag. Wir wissen heute: So funktioniert der Fortschritt leider nicht. Auf drei Schritte nach vorne kommen oft zwei nach hinten, manchmal auch vier – und dann doch wieder fünf nach vorne! Dass dies wirklich so ist und wir keiner naiven Selbsttäuschung verfallen, wenn wir von einer veränderbaren und verbesserbaren Welt ausgehen, das kann das Vermächtnis des **Hans Rosling** belegen – eines Gründervaters von „Ärzte ohne Grenzen“, der in seinem postum veröffentlichten Buch **„Factfulness“** (2018)[130] Zahlen, Daten und Fakten zu weltpolitischen Veränderungen der letzten zweihundert Jahre zusammengetragen hat, die durchaus die These erhärten können, dass es auf dieser Welt insgesamt nicht schlechter, sondern besser geworden ist. Das heißt nicht, dass nicht noch allerlei zu tun bleibt auf dem Weg zu einer friedlicheren, gerechteren und nachhaltiger wirtschaftenden (Welt-) Gesellschaft und es auch immer wieder Rückschritte geben wird. Ich nenne hier nur einige Beispiele für nachweisbare, bedeutsame Fortschritte in den letzten zweihundert Jahren, die sich bei Rosling finden:

130 *Hans Rosling: Factfulness: Wie wir lernen, die Welt so zu sehen, wie sie ist*, Berlin 2018.

- **Leben in einer Demokratie:** Der Anteil von Menschen, die in einem demokratischen Staatssystem leben, betrug im Jahr 1816 nur 1 % und kletterte bis 2015 auf 56 %.
- **Gleiches Wahlrecht:** Ein gleiches Wahlrecht für Männer und Frauen gab es im Jahr 1893 nur in einem Land der Welt. 2017 waren es immerhin 193 Länder.
- **Schulbesuch für Mädchen:** Noch im Jahr 1970 besuchten weltweit nur 65 % der Mädchen im Grundschulalter eine Schule. 2015 waren es schon 90 %.
- **Kindersterblichkeitsquote:** Die Kindersterblichkeit betrug um 1800 weltweit 44 %, im Jahr 2016 waren es nur noch 4 %.
- **Kinderarbeitsquote:** Der Anteil der Kinderarbeit (d.h. der Anteil von Kindern von 5 bis 14 Jahren, die unter schlechten Bedingungen Vollzeit arbeiten) lag 1950 bei 28 % aller Kinder auf der Welt. Im Jahr 2012 betrug er nur noch 10 %.
- **Verfügbares Trinkwasser:** Wasser aus einer geschützten Quelle konnten noch im Jahr 1980 nur 58 % aller Menschen beziehen. Im Jahr 2015 waren es 88 %.
- **Kampf gegen den Hunger:** Der Anteil der unterernährten Menschen an der Weltbevölkerung lag 1970 bei 28 % und 2015 bei 11 %.[131]

Rosling nennt sich auf der Grundlage solcher und ähnlicher datenbasierter Beobachtungen nun aber keineswegs einen „Optimisten", sondern einen „**Possibilisten**"[132]. Das heißt, er setzt auf die Möglichkeit, dass es besser werden kann auf dieser Welt. Dazu allerdings müssen wir alle als Weltbürger und Weltbürgerinnen – und diejenigen unter uns, die sich als Christenmenschen verstehen, eben als Christinnen und Christen – beitragen.

131 *Rosling: Factfulness*, a.a.O., S. 78–81.
132 *Rosling, Factfulness*, a.a.O., S. 88 f.

Dafür werbe ich an dieser Stelle – als ein engagierter und der Staatsform Demokratie verbundener Bürger der Bundesrepublik Deutschland, als ein der aufgeklärten Vernunft verpflichteter evangelischer Theologe und als Pfarrer einer selbst jederzeit noch verbesserbaren und verbesserungsbedürftigen Kirche.[133] Mein persönlicher Glaube an die Veränderbarkeit und Verbesserbarkeit dieser Welt steht nun aber keineswegs im Gegensatz zu der in diesem Buch entfalteten These, Jesus habe in seinen Handlungen als ein Schauspieler in einem Drama agiert, in dem Gott selbst Regie führt(e) – und dies noch immer tut.[134] Im Gegenteil, nur im Vertrauen auf seine letztendlich maßgebliche Regie können Christenmenschen ihre eigene, aktiv gestaltende Rolle in dieser Welt einnehmen.

Ich will diesen Gedanken abschließend etwas ausmalen, wenn auch nur mit ein paar Worten und deshalb sicherlich viel weniger bunt als damals der sechsjährige Junge in seiner Kinderbibel: **Gott führt, davon bin ich überzeugt, in dieser Welt Regie.** Schon, indem er sie aus dem Nichts erschafft und sie immer noch erhält. Mit dieser Welt hat er zugleich ein riesiges Theater aufgebaut, auf dem sich auf mehreren Bühnen gleichzeitig die Welt- und Heilsgeschichte abspielt. Er hat Schauspieler und Schauspielerinnen in Szene gesetzt. Abraham und Moses gehörten dazu, ebenso Amos, Jesaja und Jeremia – um nur einige Namen zu nennen, die heute

---

133 Vgl. *Eberhard Martin Pausch: „Ceterum censeo" – Denkanstöße für Theologie und Kirche*, a. a. O., S. 5 f., 78–87.

134 An diesem Punkt bekenne ich eine für mich selbst überraschende Nähe zu Karl Barths letzten Worten: „Gott lässt uns nicht fallen, keinen einzigen von uns und uns alle miteinander nicht. – Es wird regiert!", die er am Vorabend seines Todes in einem Gespräch mit Eduard Thurneysen äußerte (zitiert bei *Karl Kupisch: Karl Barth in Selbstzeugnissen und Bilddokumenten*, Stuttgart 2. Aufl. 1996, S. 135).

legendär sind, ja, von denen wir heute nicht einmal mehr wissen, ob es sie wirklich gab oder wer sie wirklich waren. Aber Textbücher, die auf sie und ihre Schülerinnen und Schüler zurückgehen, sind uns überliefert.

Gottes Hauptdarsteller im Mittelteil seines Stückes war Jesus von Nazareth. Er hatte begabte und faszinierende Mitspielerinnen und Mitspieler wie Petrus, Maria Magdalena, Paulus, die Apostelin Junia und viele andere. Später traten noch zahlreiche andere Personen auf die Bühne, die Kirchen- und Theologiegeschichte nennt uns ihre Namen.[135] Durch Jesus und Paulus wurden die drei fundamentalen Dimensionen des Theaters erkennbar: Glaube, Hoffnung und Liebe. In diesen drei Dimensionen konfiguriert sich der Spielplan, auf dem immer wieder **Modelle des guten Lebens** stehen. Also Modelle, in denen Gerechtigkeit, Frieden, Freiheit, Solidarität und Bewahrung der natürlichen Lebensgrundlagen vorrangige und aktuelle Themenaspekte bilden. Bühnen gibt es in diesem großen Theater übrigens mehrere, seit der Reformation im 16. Jahrhundert auch eine evangelische.[136] Für die engagierten Darstellerinnen und Darsteller beruhigend:

---

135 Die römisch-katholische Kirche hat aufgrund ihres „Heiligenkalenders“ möglicherweise eine lebhaftere Erinnerungskultur als die protestantische. Nicht, dass jener Begriff der Heiligkeit oder Heiligen übernommen werden sollte, wäre der evangelischen Kirche anzuraten, aber sehr wohl ist ihr die weitere nachhaltige Stärkung und Pflege der eigenen Erinnerungskultur zu empfehlen. Vielleicht ist am Ende sogar dies – nach Auswertung und Aneignung aller Texte, Bücher und Materialien, die im Laufe der Reformationsdekade entstanden sind – deren wesentlicher Ertrag für die Fortschreibung und Fortgestaltung der Christentumsgeschichte.

136 Die christlichen Konfessionen verstehe ich demnach als je eigene Bühnen innerhalb eines großen Theatergebäudes.

Wenn sie einmal ihren Text vergessen haben sollten, so ist der Regisseur mit seiner „Ruach“ (dem Heiligen Geist, der im Hebräischen ja feminin gedacht ist) gleichsam als „Souffleuse“ selbst zur Stelle.[137] Auch haben alle im Theater – die Schauspieler und Schauspielerinnen ebenso wie das Publikum – jederzeit die Möglichkeit, mit dem Regisseur selbst während der Aufführung in Kontakt zu treten. Er ist sozusagen **„online“, nämlich im Gebet, erreichbar.**

Die Schauspielerinnen und Schauspieler wenden sich auch selbst ausdrücklich dem Publikum zu, und zwar in Form von Segenshandlungen und freundlichen Einladungen zur Mitwirkung.[138] Ob es am Ende Applaus gibt, bleibt selbstverständlich jeder einzelnen Person im Publikum selbst überlassen. Aber: Mitspielen können grundsätzlich alle Menschen, die sich vom Hauptdarsteller Jesus oder von anderen Mitwirkenden ansprechen lassen und sich die drei fundamentalen Einsichten in die Geschöpflichkeit unseres Daseins ebenso wie die drei diesen entsprechenden fundamentalen Haltungen zu eigen machen können. Also jede und jeder, der oder die sich als Geschöpf Gottes versteht und im Geist Jesu für Glauben, Hoffnung und Liebe eintreten möchte. Die Aufführungen finden übrigens ständig statt: im Alltag der Welt, in allen Bildungsveranstal-

---

137 Biblische Belege dafür finden sich zum Beispiel in Lukas 12, 12 sowie in Römer 8, 26. Die biblischen Autoren meinen: Wenn Christinnen und Christen in besonderer Bedrängnis sind und in dieser Situation nach Worten suchen, dann werden sie ihnen vom Heiligen Geist, also von Gott selbst, eingegeben.

138 Zum Segenshandeln der Christenmenschen vgl. das 3. Kapitel dieses Buches. Die an das Publikum ergehenden Einladungen zum Mitspielen nannte man früher „Mission“. Dieser Begriff ist aus geschichtlichen Gründen belastet. Er ist auch nicht notwendig, sondern kann durch andere Begriffe, etwa den der Einladung, ersetzt werden.

tungen der Kirche und ihrer verschiedenen Konfessionen und in denjenigen besonderen Bildungsveranstaltungen, die wir als „Gottesdienste" bezeichnen.[139]

Wenn ich die Welt- und Heilsgeschichte hier mit der Hilfe des Theatermodells zu deuten versuche, will ich damit zweierlei nicht behaupten: (1) Ich will nicht behaupten, dass der Verlauf der Welt- und Heilsgeschichte determiniert, also in seinen Einzelheiten unverrückbar festgelegt sei. Im Gegenteil stelle ich mir die Aufführungen ausdrücklich interaktiv und jederzeit auch improvisierend[140] vor. (2) Anders als Johannes Calvin (1509–1564) und Karl Barth (1886–1968) würde ich tendenziell nicht von einem Theater „zur Ehre Gottes" reden, obwohl ich diesen Aspekt nicht für völlig verfehlt hatte. Ich würde dagegen sagen: Das Theater dient *in erster Linie* dem Wohl der Menschen und dem Heil der Welt.

An dieser Stelle möchte und muss ich ferner (und leider) die Frage ausdrücklich offenlassen, wie sich die Aufführungen anderer Religionen im selben großen Theater – etwa des Judentums und des Islams – zu denen des Christentums verhalten. Gewiss ist an dieser Stelle immerhin, dass in den Stücken anderer Religionen ähnliche Szenen gespielt werden und mitunter die gleichen Personen auftreten wie bei uns – um nur

---

139 Die christliche Kirche in der Vielfalt ihrer Konfessionen ist – hierin folge ich Wilfried Härle, Eilert Herms und Reiner Preul – wesentlich eine Bildungsinstitution. Ihre fundamentale Bildungseinrichtung ist der Gottesdienst.

140 Wer einmal ein **Improvisationstheaterstück** gesehen hat, der weiß, welch große Leistungen die Schauspielerinnen und Schauspieler in solchen Stücken erbringen müssen. Die in der Kirche auf verschiedenen Ebenen handelnden Leitungspersonen stehen häufig vor Herausforderungen, die nur durch Improvisationen gelöst werden können. Diese gelingen mal besser und mal weniger gut.

die Namen Abraham, Moses, Maria und Jesus zu nennen. Allerdings spielen sie dabei durchaus auch andere Rollen als auf den christlichen Bühnen. Es bleibt eine Aufgabe für die Zukunft, herauszufinden, ob auch die Bühnenstücke anderer Religionen sich in den selben drei Dimensionen bewegen wie die christlichen und ob die jeweils gezeigten Modelle eines guten Lebens wirklich konvergieren können. Diese Fragen müssen auch deshalb offenbleiben, weil alle Stücke in diesem großen Theater noch lange nicht an ihr Ende gekommen sind. Dass es derzeit (noch?) kein gemeinsames „Weltethos" der Religionen gibt, dessen Entwicklung Hans Küng (geb. 1928) einst postulierte und das auch der ehemalige Bundeskanzler Helmut Schmidt als sehr wünschenswert empfand[141], scheint mir offensichtlich. Denn es gibt ja zurzeit noch nicht einmal ein gemeinsames Ethos der christlichen Kirchen. Das heißt zwar nicht, dass dies für immer so bleiben muss. Was Religionen und Konfessionen ausmacht und wohin sie sich künftig entwickeln werden, ist nämlich auch und ganz wesentlich eine Bildungsfrage. Dennoch wird trotz aller Bemühungen um Gemeinsamkeiten und ein gemeinsames Weltethos die Vielfalt der Kulturen, Religionen und Konfessionen auf absehbare Zeit bestehen bleiben. Bildungsprozesse müssen dann auch dazu ermutigen und befähigen, Vielfalt zu ertragen, Differenzen auszutragen und auszuhalten und den weltgesellschaftlichen Pluralismus konstruktiv mitzugestalten.

Schließlich und endlich: Wer Menschen bilden will, setzt auf Vernunft. Ich gehe in der Tat davon aus, dass es auf der Welt nichts Faszinierenderes, Schöneres, Besseres gibt als die aufgeklärte Vernunft. Mit einer, allerdings entscheidenden Ausnahme: der Liebe.

---

141 *Helmut Schmidt: Die Religion in der Verantwortung*, a.a.O., S. 197–215.

Anhang: „Der Fänger im Roggen" – eine Weihnachtsgeschichte

> **„13 Und sie brachten Kinder zu ihm, damit er sie anrühre. Die Jünger aber fuhren sie an. 14 Als es aber Jesus sah, wurde er unwillig und sprach zu ihnen: Lasset die Kinder zu mir kommen und wehret ihnen nicht, denn solchen gehört das Reich Gottes. 15 Wahrlich, ich sage euch: Wer das Reich Gottes nicht empfängt wie ein Kind, der wird nicht hineinkommen. 16 Und er herzte sie und legte die Hände auf sie und segnete sie."** (Markus 10, 13–16)

1954, vor rund 65 Jahren, erschien der Roman **„Der Fänger im Roggen"** (englisch: „The Catcher in the Rye")[142] des amerikanischen Schriftstellers **Jerome David Salinger** (1919–2010)[143] erstmals in deutscher Sprache[144]. Das Buch zählt schon seit

---

142 Die aktuelle deutsche Romanfassung liegt vor in: *Jerome David Salinger: Der Fänger im Roggen*, Deutsch von Eike Schönfeld, 1. Auflage Köln 2003. (Die erste deutsche Übersetzung des Romans erschien, wie eingangs festgestellt, bereits 1954, eine überarbeitete Fassung legte 1962 Heinrich Böll vor.) Als englische Fassung des Textes verwende ich hier die Reclam-Ausgabe: Jerome David Salinger: The Catcher in the Rye, Stuttgart 2011.

143 Salinger machte machte als Soldat im Zweiten Weltkrieg traumatisierende Erfahrungen. Bei der Landung der Alliierten in der Normandie war er ebenso beteiligt wie an der Abwehr der Ardennenoffensive und in der äußerst blutigen Schlacht im Hürtgenwald. Unmittelbar nach dem Krieg erlitt er einen Nervenzusammenbruch. Aus der Öffentlichkeit zog er sich nach dem literarischen Erfolg, den er durch „Der Fänger im Roggen" in den 50er Jahren erlebte, früh zurück. Seine letzte Veröffentlichung datiert aus dem Jahr 1965.

144 Das englische Original war 1951 erschienen.

langem zur Weltliteratur. Bereits 1962 galt es als „moderner Klassiker“[145]. Unzählige Schülergenerationen haben darüber Klausuren oder sogar ihre Abiturarbeiten geschrieben.[146]

Der Titel des Romans geht auf ein Gedicht des schottischen Lyrikers Robert Burns (1759–1796) zurück, in dem der Vers vorkommt: „If a body ***meet*** a body coming through the rye“ (= Wenn einer einen andern trifft, der durch den Roggen läuft).[147] Der Held von Salingers Roman, der revoltierende Jugendliche Holden Caulfield, meint allerdings irrtümlich, der Text des Liedes laute: „If a body ***catch*** a body coming through the rye“ (= Wenn einer einen andern fängt, der durch den Roggen läuft). Und er verbindet diese Liedzeile mit einem Bild, das für ihn außerordentlich positiv besetzt ist, nämlich mit der Vision von sich selbst als einem Menschen, der inmitten eines riesigen Roggenfeldes steht und viele Kinder davor bewahrt, in einen Abgrund zu stürzen:

„Jedenfalls stelle ich mir dabei immer lauter kleine Kinder vor, die in einem großen Roggenfeld spielen und so. Tausende von kleinen Kindern, und niemand ist da – also kein Großer –, nur ich. Und ich stehe am Rande eines verrückten Abgrunds. Und da muss ich alle fangen, bevor sie in den Abgrund fallen – also, wenn sie rennen und nicht aufpassen, wo

---

145 Vgl. den Wikipedia-Artikel *„Der Fänger im Roggen“*, zuletzt abgerufen am 31.12.2018.

146 Auch ich selbst, im März 1980 am Frankfurter Liebiggymnasium. Ich erinnere mich dankbar an meine damalige Englischlehrerin, Arleen Büchler-Carter, die uns dieses Werk in inhaltlicher und sprachlicher Hinsicht hervorragend erschlossen hat.

147 Das Gedicht wird, obwohl es im Original durchaus frivole Züge hat, auch als Kinderlied gesungen, auf eine alte, volkstümliche Melodie, die im Deutschen dem Lied „Nehmt Abschied, Brüder“ unterlegt ist.

sie hinlaufen, dann muss ich irgendwo rauskommen und sie *fangen*. Und das würde ich den ganzen Tag lang machen. Ich wäre einfach der Fänger im Roggen und so. Ich weiß, es ist verrückt, aber das ist das Einzige, das ich richtig gern wäre. Ich weiß, es ist verrückt."[148]

Holden Caulfield ist ein junger Mann, der aufgrund einer psychischen Krise zum Schulversager wurde und einige Tage vor Beginn der Weihnachtsferien aus dem Internat flüchtet, in dem seit einiger Zeit untergebracht ist. Er verbringt ein paar Tage in New York und trifft sich dabei heimlich mit seiner deutlich jüngeren Schwester Phoebe. An diesen wenigen Tagen begegnet er alten Bekannten, lernt aber auch neue Menschen kennen, denkt über sich selbst nach und sucht seine Identität – als Mensch, als Jugendlicher, der seine Sexualität erproben möchte, sich aber nicht traut, sie auszuleben, als junger Amerikaner in der vom „American Dream" auf ambivalente Weise geprägten amerikanischen Gesellschaft der frühen 50er Jahre.

Salingers Buch lässt sich auf sehr verschiedenen Ebenen lesen und ist wohl auch deshalb als „offenes Kunstwerk" (Umberto Eco) zum Welterfolg geworden. Besonders nahe liegen entwicklungs- und sozialpsychologische Deutungen, aber auch gesellschaftskritische Aspekte lassen sich in seinem Werk finden. Ich möchte hier im Wissen um die Vielfalt möglicher Deutungsperspektiven eine religiöse Interpretation vorschlagen. Salinger war, soweit wir wissen, alles andere als „religiös unmusikalisch", lässt sich aber nicht einfach und fugenlos einer der klassischen Weltreligionen zuordnen. Von seiner Familiengeschichte her stammt er mindestens teilweise aus dem Judentum[149], hat sich später wohl auch dem

---

148 *J. D. Salinger Der Fänger im Roggen*, a. a. O., S. 220.

149 Sein Vater war Jude, sein im Jahr 1870 im Alter von zehn Jahren nach Amerika ausgewanderter Großvater sogar Rab-

Buddhismus angenähert, setzte sich aber auch zeitweise intensiv mit dem Christentum auseinander.[150]

Ich schlage an dieser Stelle vor, „Der Fänger im Roggen" als eine **Weihnachtsgeschichte** zu lesen. Was ist damit gemeint, und wie lässt sich diese Hypothese begründen? Zunächst einmal eine scheinbar ganz formale Beobachtung: Das Buch hat 26 Kapitel, und die entscheidende Wende im Leben des Protagonisten ereignet sich dem Stilgesetz vom Achtergewicht gemäß ziemlich am Ende, im 25. Kapitel. Man könnte sich an einen Adventskalender erinnert fühlen: Mit jedem Kapitel öffnet sich gleichsam ein Türchen. Und der 25. Dezember ist in den USA ja der eigentliche Weihnachtsfeiertag. Der Morgen des „Christmas-Day" ist der **Tag der Kinder** und der **Bescherung**. Im 26. (Schluss-) Kapitel, das den Charakter eines Epilogs hat, erzählt Holden dann noch aus der Rückschau von seiner Erkrankung. Offensichtlich ist er mittlerweile in einer Klinik und in psychiatrischer Behandlung, hat aber einen Neubeginn vor Augen: Ein **„Holden 2.0"** ist denkbar, vielleicht sogar in Sicht.

Nun könnte die Analogie zwischen der Kapitelzahl und der Zahl der Tage des Monats Dezember bis zum Weihnachtsfest aber doch auch einfach ein Zufall sein. Deshalb muss vor allem der Inhalt des Buches näher in Augenschein genommen werden. Dabei fällt auf: Das Buch spielt an drei Tagen kurz vor Weihnachten, es umfasst des Näheren die Wochentage Samstag bis Montag. Weihnachten steht zwar noch bevor, als das Buch endet, aber alles bewegt sich in der Erzählung spürbar auf dieses Fest zu.

---

biner. (Vgl. *Reinhard Helling*: *„Der mysteriöse Mr. S"*, in: Jüdische Allgemeine vom 24.12.2008, online abgerufen am 31.12.2018)

150 Besonderes Interesse zeigt er auch für das orthodoxe russische Mönchstum.

Auf seinem Weg durch New York, eine Art moderner kleiner Odyssee, trifft er unter anderem zwei Nonnen, mit denen er sich angeregt unterhält. Er gibt ihnen etwas Geld für ihre Kollekte, würde ihnen sogar noch mehr geben, wenn er denn könnte. Und er schämt sich dafür, dass er bei diesem Gespräch immer wieder in kleinere Fettnäpfchen tritt, etwa, wenn er ihnen versehentlich Rauch ins Gesicht bläst. Das Gespräch berührt ihn, die Nonnen lassen den jungen Mann nicht unbeeindruckt zurück.

Der Person Jesu widmet Holden an anderer Stelle des Buches einige Gedanken. Auch wenn er sich als „Atheist" bezeichnet, der er jedenfalls „irgendwie"[151] sei, spricht er nicht ohne Achtung von seinem Mitschüler Arthur Childs, einem frommen Quäker – der Nachname verweist vielleicht auf Holdens liebevolle Beziehung zu Kindern. Mit Childs stritt er sich indes über Jesus, dessen Jünger und insbesondere auch den Verräter Judas. Holden bekennt klar seine Zuneigung zu Jesus. Von den Jüngern aber distanziert er sich entschieden – übrigens ebenso wie von Gottes modernem Standard-Bodenpersonal, den Pfarrern. Letztere seien oft unaufrichtig (phony), wenn sie etwas sagten. Judas allerdings, so meint er, wäre nicht in die Hölle gekommen, denn Jesus hätte das – im Gegensatz zu den Jüngern – wohl nicht so entschieden.

Ein sehr bekannter Bibeltext, in dem Jesus und seine Jünger in einem starken Gegensatz stehen, ist die Geschichte von der **Kindersegnung (Markus 10, 13–16)**. Während die Jünger die Kinder von Jesus fernhalten wollen, wendet Jesus sich ihnen sehr herzlich und liebevoll zu und segnet sie. Zu den Jüngern aber sagt er: „Lasst die Kinder zu mir kommen und

---

151 *J. D. Salinger, Der Fänger im Roggen*, a. a. O., S. 130, vgl. die ganze Passage S. 130–132.

wehret ihnen nicht; denn solchen gehört das Reich Gottes. Wahrlich, ich sage euch: Wer das Reich Gottes nicht empfängt wie ein Kind, der wird nicht hineinkommen" (Markus 10, 14 f.). Dass Salinger diesen Text (oder seine Parallelstelle im Matthäusevangelium, dort Kapitel 18, Verse 1–5) im Hinterkopf hatte, als er seinen Roman schrieb, halte ich wegen des großen Bekanntheitsgrades dieser Geschichte für möglich bis sehr wahrscheinlich. Denn Holden Caulfield nimmt einen klaren Kontrast, eine starke Spannung zwischen Jesus und seinen Jüngern wahr. Und Holden steht auf der Seite der Kinder. Ja, er liebt die Kinder[152], nicht nur seinen von ihm sehr verehrten verstorbenen Bruder Allie, sondern (zum Beispiel) auch seine höchst lebendige Schwester Phoebe, mit der er ein inniges Vertrauensverhältnis hat. Auch für einen kleinen Jungen, der „toons" (Zeichnungen) und „tombs" (Gräber) verwechselt, zeigt er Sympathie. Seine Vision von den Kindern im Roggenfeld, die er auffängt und vor dem Abgrund bewahrt, stellt eine Entsprechung zu Jesu liebevoller Wertschätzung der Kinder da: Nur Kinder können in das Reich Gottes kommen – oder aber, wer in seinem Leben ist und bleibt wie ein Kind und das Reich Gottes wie sie empfängt. Aber kann man Kinder davor bewahren, zu Erwachsenen zu werden? Und ist das Erwachsensein überhaupt ein so entsetzlicher Abgrund, dass man den Prozess des Erwachsenwerdens um jeden Preis vermeiden sollte?

Holden sieht das so, und er begründet das im Rahmen einer dualistischen Weltanschauung.[153] Denn man kann

---

152 Holden liebt aber beispielsweise auch die Enten im Park, um deren Wohlergehen in der Winterzeit er sich immer wieder ernsthafte Sorgen macht. Er empfindet auch Mitgefühl für nicht-menschliche Kreaturen.

153 Die Religionsgeschichte kennt eine ganze Reihe dualistischer Weltmodelle. Die Gnosis und der Manichäismus sind Beispie-

entweder **„phony“** (= verlogen, unaufrichtig, heuchlerisch) sein wie die Erwachsenen oder aber **„nice“** (= nett, aufrichtig, geradlinig) wie die Kinder. Es gibt überhaupt nur „phony“ oder „nice“ in der Welt, meint Holden, ebenso wie die dem entsprechenden, sich ausschließenden Gegensätze „bad/good“, „darkness/light“, „falseness/truth“. Die Welt ist demnach dualistisch beschaffen, und dummerweise gehören die Erwachsenen anders als die Kinder auf die Seite von „phoniness“, Bosheit, Falschheit und Dunkelheit.[154] Holden wehrt sich darum dagegen, erwachsen zu werden. In seinem tiefsten Inneren will er ein Kind bleiben. Auch deshalb bekämpft er die in ihm immer stärker werdende Sexualität, von der er andererseits aber auch zutiefst fasziniert ist. Ein *mysterium fascinosum und tremendum zugleich*: Für welchen Jugendlichen wäre die eigene Sexualität das nicht zu irgendeinem Zeitpunkt gewesen? Wenn es aber nur einen starren Dual von zwei Bereichen in der Welt gibt, also nur Gut oder Böse, Licht oder Schatten, Wahrheit oder Lüge, Kindsein oder Erwachsensein, geht dann nicht jeder junge Mensch an der Schwelle des Erwachsenwerdens einem Abgrund ent-

---

le dafür. Mainstream wurden diese Modelle im Christentum jedoch nie. Sie blieben bedeutungsvolle, manchmal auch verhängnisvolle Randerscheinungen in der Christentumsgeschichte. Oft waren sie mit Lust- und Leibfeindlichkeit verbunden und propagierten Askese. Auch Holden hat bisher noch keine sexuelle Erfahrung gemacht. Er nennt sich eine „Jungfrau“ (virgin), zeigt sich aber vom Thema „Sexualität“ fasziniert.

154 „Die Welt der Erwachsenen ist ein schrecklicher Ort, und wer sie einmal betreten hat, kommt nicht mehr zurück.“ So *Paul Ingendaay* in seinem dem Autor Salinger zum 90. Geburtstag gewidmeten Artikel: *„Er schreibt nur noch zum eigenen Vergnügen“*, in: Frankfurter Allgemeine Zeitung Nr. 305 vom 31.12.2008, S. 35.

gegen wie die Kinder, die im Roggenfeld spielen? Auch sein früherer Lehrer Mr. Antolini, bei dem er vorübergehend Zuflucht sucht und vor dem er dann flieht, weil er meint, dieser wolle sich ihm unsittlich nähern, nimmt Holdens Dilemma wahr und prophezeit ihm, dass er „schnurstracks auf einen Abgrund“ zulaufe[155]. Wenn es nur Licht oder Schatten gibt auf der Welt, dann ist das eigene Leben jederzeit zutiefst bedroht und kann eigentlich kaum gelingen. Gibt es einen Ausweg aus diesem Dilemma?

Ein Ausweg wäre, wenn es so etwas wie eine Erlösung (oder Vergebung?) gäbe, und wenn die adventliche Odyssee auf ein Weihnachtsfest zuliefe. Genau dies geschieht im 25. Kapitel des Buches: Menschen laden einen Weihnachtsbaum von einem Lastwagen, und Holden beschreibt die Fifth Avenue als „ziemlich weihnachtlich“[156]. Holden und seine Schwester Phoebe treffen sich sodann bei einem Karussell, und es ist nicht wie sonst im Winter geschlossen. Man kann damit an diesem Tag erfreulicher Weise fahren, und Holden ahnt auch, warum: **„Vielleicht, weil bald Weihnachten ist“**[157].

Phoebe will mit dem Karussell fahren, und Holden beobachtet, wie sie und die anderen fahrenden Kinder nach einem goldenen Ring im Karussell greifen. Das ist gefährlich, denn sie drohen dabei vom Karussell zu stürzen. Während

---

155 *J. D. Salinger, Der Fänger im Roggen*, a. a. O., S. 237.

156 Ebd., S. 249. Im englischen Originaltext spielt Salinger hier mit den Worten. Er schreibt zunächst, dass es „pretty near Christmas“ sei. Zwei Sätze später: „It was fairly Christmasy.“ Und wenige Zeilen darauf: „Anyway, it was pretty Christmasy all of a sudden“ (*J. D. Salinger: The Catcher in the Rye*, a. a. O., S. 237).

157 *J. D. Salinger, Der Fänger im Roggen*, a. a. O., S. 265. Auf Englisch: „Maybe because it’s around Christmas“ (*J. D. Salinger, The Catcher in the Rye*, a. a. O., S. 253).

Holden die Kinder betrachtet, hat er die entscheidende Einsicht: „Wenn Kinder nach dem goldenen Ring greifen wollen, muss man sie auch lassen und darf nichts sagen. Wenn sie runterfallen, fallen sie eben runter, aber es ist schlecht, wenn man ihnen was sagt.“[158]

Man muss sie eben fallen lassen, das sieht Holden jetzt ein. Und damit ist er de facto **kein Fänger im Roggen mehr**. Das Leben ist für ihn nun wieder offen nach vorne, die Kindheit offen zum Erwachsensein hin. Kann dann der Dualismus von „phony“ und „nice“, von Licht und Schatten im Leben des Protagonisten noch bestehen bleiben? Oder muss die Weltwirklichkeit nicht jetzt in einem anderen Licht erscheinen, nämlich als ein Gebilde aus vielen Farben und Farbschattierungen, in dem Schwarz und Weiß nur eine Nebenrolle spielen? Indem Holden sich der Komplexität der Wirklichkeit stellt, die sich eben nicht auf einen einfachen Dualismus reduzieren lässt, gelingt es ihm, zum ersten Mal nach langer Zeit für einen kurzen Augenblick so etwas wie Glück zu empfinden. Damit endet das 25. Kapitel des Buches.

Allerdings: Der Epilog im letzten, 26. Kapitel zeigt, dass Holden Caulfield noch immer auf der Suche nach seiner Identität ist. Er ist auf dem Weg zu **„Holden 2.0“** und ist dieser schon ein wenig, aber doch noch nicht ganz. Das Buch endet damit nicht nur offen, sondern gleichsam in einer eschatologischen Spannung. Die Erlösung ist greifbar nahe, aber sie ist noch nicht passiert. Ob sie sich tatsächlich ereignet und ob dieses Leben gelingen wird, bleibt offen. Aus christlicher Perspektive gesagt: Man kann dafür arbeiten, man kann darum beten, man kann darauf hoffen. Wenn menschliches Leben gelingt, dann vielleicht überhaupt nur deshalb, weil es ihm geschenkt wird. In Holdens Worten: **„Weil bald Weihnachten ist.“**

---

158 *J. D. Salinger, Der Fänger im Roggen*, a.a.O., S. 267.

Literaturverzeichnis

„Apfelbaum", in: Das Luther-Lexikon, hg. von Volker Leppin und Gury Schneider-Ludorff, Regensburg 2014, S. 68 f.

Asfa-Wossen Asserate: Den Glauben zur Vernunft, die Vernunft zum Glauben bringen, Berlin 2018

Karl Barth: Die Kirchliche Dogmatik, Erster Band: Die Lehre vom Wort Gottes: Prolegomena zur Kirchlichen Dogmatik [1932], Zürich 12. Aufl. 1989

Don Belt: *„Leben zu Zeiten des Jesu[s]"*, in: National Geographic Deutschland, Collector's Edition No. 21, Hamburg 2014, 30–39

Klaus Berger: Paulus, München 2008

Klaus Berger: Wer war Jesus wirklich?, Stuttgart 1995

Eugen Biser: Paulus – Zeugnis, Begegnung, Wirkung, Darmstadt 2003

Günther Bornkamm: Paulus, Stuttgart 7. Auflage 1993

Herbert Braun: *Jesus:* Der Mann aus Nazareth und seine Zeit, Stuttgart 3. Aufl. 1972

Christiane Braungart: Mitteilung durch Darstellung: *Schleiermachers Verständnis der Heilsvermittlung*, Marburg 1998

Vincent Brümmer: *Was tun wir, wenn wir beten?* Eine philosophische Untersuchung, Marburg 1985

Rudolf Bultmann: *Das Urchristentum im Rahmen der antiken Religionen*, Zürich und München 5. Aufl. 1986

Rudolf Bultmann: Neues Testament und Mythologie: Das Problem der Entmythologisierung der neutestamentlichen Verkündigung. Nachdruck der 1941 erschienenen Fassung, hg. von Eberhard Jüngel, München 2. Aufl. 1985

Rudolf Bultmann: *Theologie des Neuen Testaments* (1948–1953). UTB 630. 9. durchgesehene Aufl. hg. v. Otto Merk. Mohr (Siebeck), Tübingen 1984

John Dominic Crossan: *Jesus: Ein revolutionäres Leben*, München 1996

Werner Dahlheim: Die Welt zur Zeit Jesu, München 3. Aufl. 2014

Ingolf Ulrich Dalferth: *Der auferweckte Gekreuzigte:* Zur Grammatik der Christologie, Tübingen 1994

Richard Dawkins: *Der Gotteswahn*, Berlin 6. Aufl. 2007

„Der Fänger im Roggen", in: Wikipedia, zuletzt abgerufen am 31.12.2018

Jörg Dierken: „Vernunft, Religion und der Gottesgedanke bei Kant", in: *Jörg Lauster/Bernd Oberdorfer (Hg.): Der Gott der Vernunft:* Protestantismus und vernünftiger Gottesglaube, Tübingen 2009, S. 171–188

David Flusser: *Jesus,* überarbeitete Neuausgabe, Reinbek bei Hamburg 1999

Erich Fromm: Die Kunst des Liebens (1956), 60. Aufl. Frankfurt am Main 2003

Manfred Geier: *Kants Welt*: Eine Biographie, Reinbek bei Hamburg, 5. Aufl. 2004

Johann-Wolfgang von Goethe: *Faust: Der Tragödie erster und zweiter Teil. Urfaust,* hg. und kommentiert von Erich Trunz, München 1998 (= 16. Aufl. 1996)

Gott neu entdecken: 12 Thesen zur Reformation, hg. von der Kirchenleitung der Evangelischen Kirche in Hessen und Nassau, Darmstadt 2016

Helga Gripp: ‚Jürgen Habermas': Und es gibt sie doch – zur kommunikationstheoretischen Begründung von Vernunft bei Jürgen Habermas, Paderborn/München/Wien/Zürich 1984

Annette Großbongardt/Dietmar Pieper (Hg.): Jesus von Nazareth und die Anfänge des Christentums, München 2013

Jürgen Habermas: Zwischen Naturalismus und Religion: Philosophische Aufsätze, Frankfurt am Main 2005

Wilfried Härle: Dogmatik, Berlin/Boston 5. Aufl. 2018

Wilfried Härle: *Ethik*, Berlin/Boston 2. Aufl. 2018

Wilfried Härle: „… und hätten ihn gern gefunden": Gott auf der Spur, Leipzig 2017

Stephen Hawking: Das Universum in der Nußschale, München 2003

Stephen Hawking: *Eine kurze Geschichte der Zeit*: Die Suche nach der Urkraft des Universums, Reinbek bei Hamburg 1988.

Reinhard Helling: *„Der mysteriöse Mr. S"*, in: Jüdische Allgemeine vom 24.12.2008, online abgerufen am 31.12.2018

Wolfgang Huber: Im Geist der Freiheit – Für eine Ökumene der Profile, Freiburg/Basel/Wien 2007

Henrik Ibsen: Peer Gynt: Ein dramatisches Gedicht (1867), Stuttgart 2004

Paul Ingendaay: „Jenseits des Horizonts – Überquellende Schaffenskraft: Der literarische Nachlass von J.D. Salinger soll veröffentlicht werden", in: Frankfurter Allgemeine Zeitung Nr. 29 vom 4.2.2019, S. 9

Paul Ingendaay: „Er schreibt nur noch zum eigenen Vergnügen", in: Frankfurter Allgemeine Zeitung Nr. 305 vom 31.12.2008, S. 35

Immanuel Kant: Die Religion innerhalb der Grenzen der bloßen Vernunft. Mit einer Einleitung und Anmerkungen hg. von Bettina Stangneth, Hamburg 2. Aufl. 2017.

Karl Kupisch: Karl Barth in Selbstzeugnissen und Bilddokumenten, Stuttgart 2. Aufl. 1996

Jörg Lauster: „Eine Welt erschaffen – Friedrich Schleiermacher: Der Theologe, der das Religionsverständnis revolutionierte", in: Zeitzeichen 11 (2018), S. 39–41

Jörg Lauster/Bernd Oberdorfer (Hg.): Der Gott der Vernunft: Protestantismus und vernünftiger Gottesglaube, Tübingen 2009

Bernhard Lohse: Epochen der Dogmengeschichte, Stuttgart/Berlin, 5. Auflage 1983

Eduard Lohse: Paulus. Eine Biographie, München 1996

Gerd Lüdemann: Die Auferstehung Jesu: Historie, Erfahrung, Theologie, Göttingen 1994

Christoph Markschies: Die Gnosis, München 3. Aufl. 2010

Elaine Pagels: Das Geheimnis des fünften Evangeliums, München 6. Aufl. 2013

Eberhard Martin Pausch: Ceterum censeo: Denkanstöße für Theologie und Kirche, Münster 2018

Eberhard Martin Pausch: „Orthopistie, Heterodoxie: Einige begriffliche Anstöße in der Absicht einer Verbesserung des Dialogs der Religionen, Kirchen und Konfessionen", in: Materialdienst des Konfessionskundlichen Instituts Bensheim 3, 68. Jg. 2017, S. 46–48

Eberhard Martin Pausch: Wahrheit zwischen Erschlossenheit und Verantwortung: Die Rezeption und Transformation der Wahrheitskonzeption Martin Heideggers in der Theologie Rudolf Bultmanns, Berlin/New York 1995

Steven Pinker: Aufklärung jetzt – Für Vernunft, Wissenschaft, Humanismus und Fortschritt, Frankfurt am Main 2018.

Joseph Ratzinger/Benedikt XVI.: Jesus von Nazareth, Freiburg/Basel/Wien 2007 ff. (3 Bände)

Sibylle Rolf: „Wie können wir heute beten?", in: *Werner Zager (Hg.): Liberale Frömmigkeit?*, a.a.O., S. 187–201

Jürgen Roloff: Jesus, München 5. Aufl. 2012

Hans Rosling: Factfulness: Wie wir lernen, die Welt so zu sehen, wie sie ist, Berlin 2018.

Jerome David Salinger: The Catcher in the Rye, Stuttgart 2011

Jerome David Salinger: Der Fänger im Roggen, Deutsch von Eike Schönfeld, 1. Auflage Köln 2003.

Helmut Schmidt: *Religion in der Verantwortung*: Gefährdungen des Friedens im Zeitalter der Globalisierung, Berlin 2011

Michael Sontheimer: „Beseelt und verfolgt", in: *Annette Großbongardt / Dietmar Pieper*, a. a. O., S. 224–241

Holm Tetens: *Gott denken*: Ein Versuch über rationale Theologie, Stuttgart 2. Aufl. 2015

Holm Tetens: *Philosophisches Argumentieren*: Eine Einführung, München 4. Aufl. 2014

Frank Thadeusz: „Mordsache Jesus Christus", in: *Annette Großbongardt/Dietmar Pieper (Hg.): Jesus von Nazareth und die Anfänge des Christentums*, München 2013, dort S. 130–134

„Theater der römischen Antike", in: Wikipedia (abgerufen: 31.12.2018).

Gerd Theißen: *Das Neue Testament*, München 5. Aufl. 2015

Gerd Theißen: *„Polyphone Bibelhermeneutik und protestantische Spiritualität"*, in: *Werner Zager (Hg.): Liberale Frömmigkeit?* Spiritualität in der säkularen und multireligiösen Gesellschaft, Leipzig 2015, S. 77–111

Gerd Theißen: Urchristliche Wundergeschichten: Ein Beitrag zur formgeschichtlichen Erforschung der synoptischen Evangelien, Gütersloh 1974

Carsten Werner Thiede: *Jesus und Tiberius*: Zwei Söhne Gottes, München 2004

Carsten Werner Thiede: *Ein Fisch für den Römischen Kaiser*, München 1998

Christiane Tietz: „... mit anderen Worten ...: Zur Übersetzbarkeit religiöser Überzeugungen in politischen Diskursen“, Antrittsvorlesung an der Johannes-Gutenberg-Universität Mainz, 02.07.2009, in: Evangelische Theologie 72. Jg. (2012), S. 86–100

Thomas von Aquino: *Summe der Theologie,* Bd. 2: Die sittliche Weltordnung, hg. von Joseph Bernhart, Stuttgart 1985

Fabian Vogt/Christine Lungershausen/Sandra Matz: *Segen. Eine kleine Gebrauchsanweisung*, Leipzig 2017

Werner Zager (Hg.): Liberale Frömmigkeit? Spiritualität in der säkularen und multireligiösen Gesellschaft, Leipzig 2015

Erstveröffentlichungsnachweis

Einige der in diesem Buch veröffentlichten Texte sind zum Teil in kürzerer Fassung, manchmal auch – dem Veröffentlichungsmedium geschuldet – ohne Fußnoten an anderer Stelle erschienen. Für die Drucklegung dieses Buches wurden all diese Texte überarbeitet, ergänzt und mit Anmerkungen versehen.

Vorwort **[unveröffentlicht]**
Einleitung: Jesus neu entdecken **[unveröffentlicht]**

1. Religion in den Grenzen der Vernunft: Immanuel Kants Religionsprogramm
   Erstveröffentlichung in deutlich kürzerer Fassung unter dem Titel: Religion in den Grenzen der Vernunft: Immanuel Kants Religionsprogramm, in: Freies Christentum: Auf der Suche nach neuen Wegen, 65. Jahrgang, Heft 6 (November/Dezember 2013), S. 143–147
2. Glaube, Liebe, Hoffnung: Die drei Dimensionen christlicher Existenz **[unveröffentlicht]**
3. Was tun wir, wenn wir segnen? **[unveröffentlicht]**
4. Jesus aus Sepphoris: Eine Abduktion zum historischen Jesus
   Erstveröffentlichung unter demselben Titel in: Deutsches Pfarrerblatt 3 (2016), S. 151–153
5. Jesus Christus, der Gekreuzigte: Überlegungen zu einer Christologie der Fürbitte
   Erstveröffentlichung unter dem Titel: Die Spur des Gebets: Überlegungen zu einer rationalen Christologie, in: Deutsches Pfarrerblatt 12 (2007), S. 651–653
6. Jesus Christus, der Auferweckte: Überlegungen zum Leib Christi in semiotischer Perspektive
   Erstveröffentlichung unter dem Titel: „Jesu Leib: Ein mehrdeutiger Begriff semiotisch gedeutet", in: Freies Christentum:

Auf der Suche nach neuen Wegen Heft 3, 67. Jg. (2016), S. 58–66

7. Der „Überschuss“ der Religion: Was nicht in die Grenzen bloßer Vernunft passt [**unveröffentlicht**]

Anhang: „Der Fänger im Roggen“ – eine Weihnachtsgeschichte
Erstveröffentlichung in gekürzter Fassung und ohne wissenschaftlichen Apparat unter dem Titel: Auf dem Weg zu „Holden 2.0“ – Ist J. D. Salingers berühmter Roman eigentlich eine Weihnachtsgeschichte? in: Zeitzeichen 12 (2014), 53–55

Kurzbiographie des Autors

Dr. Eberhard Martin Pausch, geboren 5.1.1961 in Frankfurt am Main, verheiratet, zwei erwachsene Söhne. Eberhard Pausch ist evangelischer Theologe, er wurde 1993 an der Philipps-Universität Marburg/Lahn bei Wilfried Härle mit einer Arbeit über den Begriff der Wahrheit bei Martin Heidegger und Rudolf Bultmann promoviert. Von 1992 bis 2000 war er Gemeindepfarrer in Frankfurt am Mai. Von 2000 bis 2012 arbeitete er als Oberkirchenrat im Kirchenamt der EKD in Hannover und war zuständig für Fragen öffentlicher Verantwortung der Kirche (Frieden, Demokratie, kirchliche Zeitgeschichte). Von 2012 bis 2016 war er in der Kirchenverwaltung der EKHN als Beauftragter seiner Kirche für die Reformationsdekade tätig. Seit 1.11.2016 ist er Studienleiter für Religion und Politik in der Evangelischen Akademie Frankfurt. Seine Themenfelder sind: Öffentliche Theologie, Friedensethik und Friedenspolitik, Stärkung der Demokratie, jüdisch-christlicher Dialog, Trialog der Religionen.